성수 주일

청교도의 **주일성수**, 그 평가와 계승

김남준

성수주일

김남준

| 추천의 글 |

주일은 부활의 날, 곧 생(生)의 날이다

이 책은 주일성수의 성경적 당위성, 교리적 의의, 역사적 배경, 실천적 가치가 청교도적 관점에서 개진된 수작이다. 진리에 대한 교훈, 교훈에 따르는 고백, 고백에 따르는 변증이 책실로 엮여 서로 맞물며 도는, 그리스도인의 생(生)의 교본(敎本)과 같다.

주님은 사람이 안식일을 위하여 있는 것이 아니라 안식일이 사람을 위하여 있다고 하셨다. 주님이 십자가에 죽으심으로 모든 의를 다 이루시고 부활하셨다. 그리하여 안식일을 성취하시고 안식일의 주인이 되셨다. 주일은 부활의 날, 곧 생(生)의 날이다. 그 은혜는 생명(生命)과 생기(生氣)와 생활(生活)에 모두 미친다. 주일은 그 은혜에 참여하기 위하여, 하나님이 마음껏 우리 안에서 일하시게끔 우리 자신을 쉬게 하는 날이다.

본서에는 이러한 점이 칼빈과 그를 잇는 개혁신학자들의 주요한 원전 인용과 저자의 정치(精緻)한 전개로 뚜렷이 부각되고 있다. 깊이 읽어야 할 뿐만 아니라, 한 편의 설교를 듣듯이, 새겨들어야 할 작품으로서, 이러한 글은 흔하지 않다.

문병호 교수(총신대학교 신학대학원, 조직신학)

하나님 나라의 완성을 누리는 참된 안식

김남준 목사의 저술을 읽으면서 느낀 점은 그는 진정한 의미의 경신애학(敬神愛學)의 목회자라는 점이다. 그의 글에는 하나님에 대한 경외심과 진리에 대한 사랑이 드러나 있고, 이를 통해 성도들을 바른길로 인도하려는 거룩한 열정이 녹아 있다. 이런 이유로 그의 글에는 영성과 지성이 씨줄과 날줄로 엮어져 있다.

이 책에도 이러한 정신이 전편에 배여 있다. 저자는 이 책을 통해 성경과 역사, 특히 청교도 전통을 살펴보며, 주일의 참뜻을 설명하여 성도들에게 바른 지침을 제공하되, 주일은 종말에 이루어질 하나님 나라의 완성을 누리는 참된 안식의 날임을 지적하고 있다. 주일을 지키는 방식에 대한 여러 견해를 소개한 후 바른 주일 지킴에 대한 현실적인 제언을 주고 있는 이 책은 성수주일이 하나님의 나라에서의 영원한 안식을 대망하는 것임을 우리에게 가르쳐 준다.

이상규 교수(고신대학교, 한국장로회신학회 회장)

| 추천의 글 |

육체의 쉼과 관계의 회복을 누리는 날

주일은 하나님을 향한 성도의 태도와 하나님 앞에서의 삶이 어떠해야 하는지가 압축되어 있는 기독교 신앙의 축소판과 같아서 성경에 근거한 신학적 이해의 필요성이 절박한 사안이다. 이러한 필요에 근거하여 저자는 주일에 대한 종교개혁 인물들과 청교도의 전통적인 이해를 촘촘하게 소개하되 주일성수 조항의 문자적인 판박이 재생이 아니라 그들이 발굴한 성경의 항구적인 원리들을 배우면서 우리의 시대에 맞는 최적의 적용점을 찾아 적용할 것을 권면한다. 이로써 주일의 문자적인 규정을 강요하는 바리새적 율법주의 및 성경이 제정한 주일의 경건한 규례들을 무조건 거부하는 방종적인 자유주의 같은 극단적인 오류는 제거된다. 동시에 주께서 정한 이 규범은 철저히 준수되어 주님께는 영광을 돌리고 영혼의 자유와 평안, 그리고 육체의 쉼과 관계의 회복을 누리는 날이 바로 주일임을 특별히 유려한 필치와 역사적인 논증과 건설적인 제언으로 설파하는 책이기에 독자에게 일독을 추천한다.

한병수 교수(아세아연합신학대학교, 조직신학)

주일성수에 대한 우리 시대의 신앙고백적 적실성

오늘날 한국 교회 안에 쓰며든 다원주의 사상과 자유방임적 문화의 유혹이 그리스도인들에게 양보할 수 없는 주일성수라는 성경적 원리를 허물어뜨리게 만드는 나쁜 영향력을 끼치고 있다. 기독교의 안식일과 주일의 개념 이해에 대한 혼돈 속에서 머뭇거리고 있는 한국 교회 그리스도인들에게 김남준 목사는 초기 기독교의 정통성을 세웠던 교부들과 그 원리를 계승한 청교도들이 지키려고 몸부림쳤던 그 주일성수의 정신을 상기시키고 있다. 그리고 그 변화된 현실의 상황을 조명하며 어떻게 해야 성경과 개혁신학의 원리에서 빗나가지 않으면서 주일성수의 전통을 계승할 수 있는지, 주일성수에 대한 우리 시대의 신앙고백적 적실성의 원리를 제시하고 있다. 개혁주의 정통성을 견지하며, 목회자들과 신학생들에게 가장 학문적이고 실천적인 정보를 제공하며, 지성적 영성을 추구하는 김남준 목사의 저서를 기쁜 마음으로 추천한다.

황봉환 교수(대신대학교 신학대학원장)

※가나다순

| 저자 서문 |

주일을 어떻게 보낼까요?

이제 주일을 거룩히 지킬 것을 강조하는 것은 시대에 뒤떨어진 신앙을 의미하는 것이 되고 말았습니다. 주일성수를 강조하는 것은 구시대의 케케묵은 전통에 대한 고루한 답습이라고 여기는 시대가 된 것입니다.

그러나 비록 일부이기는 하지만, 여전히 엄격한 주일성수를 신앙생활의 중요한 요소로 강조하는 사람들이 있습니다. 그런데 그들 중 일부는 스스로 주일성수를 엄격하게 실천하는 데 그치지 않고, 자신들과 같은 방식으로 주일을 지키지 않는 사람들을 적극적으로 정죄하기도 합니다.

이러한 상황 속에서 오늘날 많은 그리스도인들이 '주일을 어떻게 보내야 하는가?' 하는 문제에 대해 많은 혼란을 느끼고 있습니다. 따라서 이러한 시대 속에 살고 있는 우리는 주일의 의미와 그것을 지키는 방식에 대해 성경적이고 신학적인 검토는 물론 역사적 맥락에서도 살펴볼 필요가 있습니다.

왜냐하면 이 문제는 우리가 처한 시대적 현실과 우리가 살아가는 실제적 생활과 직접적으로 관련을 맺고 있는 것이기 때문입니다.

저는 이 작은 책에서 오늘날 그리스도인들이 갖고 있는 주일성수에 대한 여러 입장들에 대해 생각해 보았습니다. 그리고 주일의 기원과 성수의 방식에 대해서도 살펴보았습니다. 무엇보다 저는 이 책에서 주일성수에 관해서, 우리가 어떻게 바리새적인 율법주의를 피할 뿐 아니라 자유주의적 방종으로부터 교회의 신자들을 보호할 수 있을지를, 주일이 종말에 이루어질 하나님 나라의 완성을 지금 선취적으로 누리는 날이라는 관점에서 설명해 보고자 하였습니다.

부디, 이 책을 통해 조국교회가 주일을 더욱 기쁨으로 거룩하게 지킬 수 있게 되기를 바랍니다.

그리스도의 노예 김남준

| 차례 |

추천의 글 · 4
저자 서문 · 8

Chapter 1 주일을 어떻게 보내야 하나?
주일을 지키는 방식들 · 15
주일성수의 진정한 의미 · 28

Chapter 2 안식일과 주일
주일의 규정 · 34
안식일의 영속성 · 38

Chapter 3 청교도들의 주일성수
역사적 배경 · 70
엄격주의적 주일성수 · 82
언약신학 안에 있는 긴장 · 90

Chapter 4 청교도들의 주일성수 전통에 대한 평가

종교개혁자들과의 차이점 • 102
'그 날'에 대한 해석 • 112
두 가지 차원의 안식 • 123
방종주의와 바리새주의 사이에서 • 139

Chapter 5 주일성수에 대한 현실적 제언

우리 시대의 신앙고백을 작성함 • 155
주일의 신학적 의미를 가르침 • 158
율법적 바리새주의를 경계함 • 161
자유주의적 방종을 경계함 • 163
신자들의 영적 변화를 위해 힘씀 • 168

참고문헌 • 186

CHAPTER

1

주일을 어떻게 보내야 하나?

우리는 어떻게 주일을 보내야 할까요? 또한 주일을 거룩하게 지킨다는 것이 구체적으로 어떤 삶의 모습으로 구현되어야 할까요?

성수
주일

Chapter 1 주일을 어떻게 보내야 하나?

Chapter 2 안식일과 주일

Chapter 3 청교도들의 주일성수

Chapter 4 청교도들의 주일성수 전통에 대한 평가

Chapter 5 주일성수에 대한 현실적 제언

안식일을 기억하여 거룩하게 지키라
(출 20:8)

Chapter 1

주일을 어떻게 보내야 하나?

 오늘날 주일을 어떻게 보내야 하는지에 대해 고민하는 그리스도인들은 많지 않습니다. 더욱이 조국 교회에서 주일성수에 관련된 신자들의 세속적인 태도들에 대해 솔직하게 비판하는 설교를 듣는 것도 그리 쉽지 않습니다. 왜냐하면 현재 조국 교회는 교인들의 그리스도인으로서의 확고한 정체성보다는 출석하는 숫자를 가지고 고민하지 않을 수 없는 상황에 직면해 있기 때문입니다.

●● 주일을 지키는 방식들

이제 주일성수에 대한 엄격한 전통을 강조하는 것은 편협한 종파주의로 받아들여지고 있는 실정입니다. 그러면 이러한 때에 우리는 어떻게 주일을 보내야 할까요? 또한 주일을 거룩하게 지킨다는 것이 구체적으로 어떤 삶의 모습으로 구현되어야 할까요?

오늘날 주일을 지키는 방식에 대한 그리스도인들의 태도는 크게 다음과 같이 네 가지로 분류될 수 있습니다.

편의적 자유주의

첫째로 편의적 자유주의입니다. 이것은 주일을 지킴에 있어 성경의 견해가 어떤지를 숙고하는 대신 자신들의 편의를 따르는 입장입니다. 오늘날은 신앙의 어떤 문제들을 판단할 때 성경과 신학을 의지하기보다는 현실적인 삶의 상황을 앞세우는 경향이 있습니다. 결국 이때 인간의 편의와 자유는 어떤 문제를 결정하는 가장 중요한 요소가 됩니다.

어느 주일 밤. 세 명의 자매가 교회 옆 우동집에서 모였습니다. 웬만한 식당들은 이미 다 문을 닫은 후라, 24시간 영업하는 그곳에서 우동과 김밥으로 늦은 저녁을 해결하기로 했습니다. 하지만 의자에 엉덩이를 붙이니 하루의 고단함이 한순간에 몰려와, 음식이 나왔지만 젓가락을 들어 김밥을 집기도 귀찮습니다. 한참을 말없이 김이 모락모락 나는 우동그릇을 쳐

다만 보고 있는데, 한 자매가 입을 엽니다.

"아무래도, 이건 아닌 거 같아. 출근하는 날보다 더 일찍 나와야 예배위원 기도회에 참석할 수 있어. 예배, 구역모임, 기도회, 섬김, 회의에 교리반 수업, 성경개관학교까지……. 주일이면 밥 먹을 시간도 없어."

다른 자매들도 앞 다투어 마음을 무겁게 하던 생각들을 꺼냅니다.

"주일은 안식하는 날이라며. 하지만 교사들에게 주일은 제일 쉼이 없는 날이야."

"구역장은 어떻고? 난 구역장이 된 후로 주말에 가족들과 저녁식사를 함께한 적이 없어."

서로의 공허한 눈빛을 보니, 자신들은 모두 하나님의 집에서 영혼의 만족을 누린 사람들이 아니라는 생각이 듭니다. 그 누구보다 성실하게 주일을 보냈는데 '이게 뭔가' 하는 자괴감이 밀려옵니다.

"우리, 다음 주부터 다른 교회로 가자. 그리고 거기서는 조용히 있는 듯 없는 듯 신앙생활하며 오로지 우리 영혼만 챙기자. 이제는 정말, 주일을 주일답게 보내고 싶어. 일단 우리부터 살고 봐야지."

듣고 있던 두 자매도 조용히 고개를 끄덕입니다.

6개월 후, 어느 주일 밤. 세 자매가 다시 교회 옆 그 우동집에 모였습니다. 이제 세 자매는 주일이면 실컷 늦잠을 잡니다. 그리고 새로 출석하는 교회 앞에서 만나 얼렁뚱땅 예배를 드리고, 맛집을 찾아 맛있는 점심을 먹습니다. 영화도 보고, 카페에서 수다도 떨고, 볼링도 치러 갑니다. 처음에는 셋이서 그동안 읽고 싶었으나 바빠서 못 읽었던 경건서적들을 함께 읽고 스터디를 하기도 했는데, 시간이 갈수록 수다 모임으로 변하더니 어영부영 없어지고 말았습니다. 그날도 세 자매는 예배를 마치고 즐거운 시간을 보냈습니다. 그러다 우동이 먹고 싶어 그 집을 찾았는데, 다시 그 의자에 앉으니 6개월 전의 일들이 선명하게 떠오르며 머리가 복잡해졌습니다. 지난 6개월이 파노라마처럼 머릿속을 흘러갑니다.

먹는 둥 마는 둥 우동집을 나서는데, 눈물 콧물 흘리며 기도하고 예배하던 예전의 교회가 보였습니다. 차마 종탑 위의 십자가를 마주볼 수 없어 세 자매는 황급히 고개를 떨굽니다.

'우리는 주일을 겨우 이렇게 보내려고, 교회를 박차고 나온 건가?'

셋 다 동일한 생각을 하며 집으로 돌아갔습니다.

치우친 일원론

둘째로 치우친 일원론주의입니다. 이것은 그리스도인의 삶 전체를 예배로 보는 입장입니다. 이런 입장을 취하는 사람들이 자신들의 견해를 입증하는 성경 구절로서 자주 인용하는 본문이 있습니다.

"그러므로 형제들아 내가 하나님의 모든 자비하심으로 너희를 권하노니 너희 몸을 하나님이 기뻐하시는 거룩한 산제물로 드리라 이는 너희가 드릴 영적 예배니라"(롬 12:1).

다시 말해서 하나님께서 인간을 통해 받으셔야 할 영광은 단지 좁은 의미에서의 예배만이 아니라 넓은 의미에서의 삶 전체라는 것입니다

아무개 집사의 가정은 참 다복합니다. 두 부부는 나름 신앙생활도 열심히 합니다. 개인 경건생활도 꾸준히 하고 있고, 수련회나 사경회가 열리면 제법 은혜도 받습니다. 둘 다 부모님 대에서부터 신앙생활을 해온 터라 헌금생활에서도 적극적이고 구제와 선교활동에도 관심이 많습니다. 다만 부부는 모두 직장생활을 하고 있고, 자녀들이 아직 어린 터라 교회에서 특별한 섬김을 하고 있지는 않습니다. 부부는 가끔씩 '그래도 우리 정도면 신앙생활을 잘하고 있는 것 아닌가?' 하는 생각을 합니다.

부부에게는 같은 취미가 있습니다. 바로 여행입니다. 부부는 아이들을 위해서도 여행보다 좋은 교육은 없다고 생각하기에, 기회만 되면 여행을 떠납니다. 그런데 직장생활을 하는 탓

에 평일에 움직이기 힘든 부부는 언젠가부터 주일을 끼워서 여행계획을 세우기 시작했습니다. 처음에는 '이런 기회에 지방의 교회나 해외의 한인교회들을 찾아 예배드리면 목회자들에게 힘도 줄 수 있고 좋잖아. 반드시 등록된 교회에서 주일예배를 드려야 한다는 생각을 버리고 1년에 한두 번쯤은 여행지에서 만나는 교회에서 예배를 드려보자. 어쩌면 주일을 더 풍성한 은혜 속에서 보낼 수 있을지도 몰라'라고 생각했습니다. 실제로 그곳에서 만날 목회자 분들에게 드릴 선물들을 준비해서 가기도 했습니다. 그런데 몇 번 그렇게 하다 보니 여행지 가운데에는 생각보다 교회가 없는 곳이 많았습니다. 있어도 당초의 예상과 달리 초대받지 않은 손님 취급을 당하게 되는 경우가 생겼습니다. 무엇보다 주일에 교회가 있는 곳에 머물 수 있게 여행 계획을 잡다 보니 여행 동선 전체가 모호하게 꼬이는 경우도 생겼습니다. 어렵게 찾아간 교회에서 형식적인 예배만 드리고 돌아오던 날, 부부는 결심했습니다.

"우리 굳이 교회라는 건물에 얽매이지 말자. 우리가 곧 교회인데 장소가 어디면 어때? 호텔방에서도 우리 네 식구가 예배드릴 수 있어. 교회가 아니면 어때? 하나님이 임재하시면 거기가 교회지. 어디서든 주일을 거룩하게만 보내면 되는 거 아냐?"

그래서 그때부터 부부는 여행을 갈 때면 주일에는 다른 스케줄을 잡지 않고, 거기가 어디건 그곳에서 가족이 함께 예배 드리고 아이들과 하나님에 대해 묵상하며 쉼과 은혜가 있는 하루를 보내기로 했습니다. 그런데 그렇게 몇 번을 하다 보니, 스멀 스멀 아깝다는 생각이 들기 시작했습니다.

"겨우 휴가 내고 경비 들여 이곳까지 여행을 왔는데, 부지런히 돌아다녀도 다 못 보고 가는 게 많을 텐데, 주일이라고 하루를 일정 없이 보내는 건 아닌 거 같아." 남편이 말했습니다.

"맞아요. 우리끼리 드리는 예배도 한계가 있는 거 같아요. 점점 형식적으로 치우치는 거 같아서 이걸 꼭 해야 하나 생각했어요." 아내도 맞장구를 쳤습니다.

결국 두 사람은 의견의 일치를 보았습니다.

"모여서 찬송 부르고 성경 부르는 것만 예배가 아니야. 아름다운 자연을 보면서 창조주 하나님의 영광을 느끼고 그 오묘한 섭리를 찬양하는 게 더 예배다운 예배지."

이제 부부는 주일에 구애받지 않고 여행을 즐기기로 했습니다. 문득문득 '과연 믿는 가정이라는 우리 가정이 믿지 않는 저 가정과 다른 점이 무엇일까? 저 집이나 우리 집이나 즐거워하는 대상도, 그 즐거움을 찾는 방식도 똑같은데' 하는 생각이 들기도 했지만, 현재의 삶이 불만스럽지 않은 관계로 더 이상 깊이 생각하지 않기로 했습니다.

치우친 이원론

셋째로 치우친 이원론주의입니다. 이것은 하나님의 나라와 세상 나라 사이의 날카로운 대립을 강조하는 입장입니다. 거룩한 것과 세속적인 것, 종교적 예배와 세속적 삶, 하나님을 향한 봉사와 인간을 위한 노동 등을 대립관계 내지는 상하관계로 봅니다. 이러한 입장을 주일성수에 적용할 때 신자는 주일을 지키지 못하게 하는 모든 요인에 대해 전투적인 태도를 갖게 됩니다.

어느 변호사에게 한 청년이 전화를 걸어왔습니다.

"변호사님! 그리스도인이신 걸로 알고 있습니다. 저는 사법시험을 준비 중인데 사법시험을 주일에 치른다고 합니다. 저는 신앙인으로서 주일에는 꼭 예배를 드리러 가야 하는데 어떻게 시험을 치릅니까? 사법시험을 주일에 보지 않도록 법적으로 문제를 제기할 수는 없습니까?"

처음에는 변호사는 그 청년이 공부하기 싫으니까 수작을 부리는 것이라고 생각했습니다. 하지만 직접 만나 이야기를 들어보니 생각이 바뀌었습니다.

"변호사님, 기독교가 점점 하향평준화되어 가는 것 같습니다. 저는 주일에 시험을 치르느라 그리스도인이 주일을 지키지 못하는 것에 대해 아무도 이의를 제기하지 않는다는 사실이 더 기가 막힙니다. 주일에 국가고시가 치러지고, 그 때문에 수많은 그리스도인들이 주일을 지키지 못하게 되는데도 전혀 문제의식을 갖지 않는 것이 한국 기독교의 현실입니다."

윌버포스(1759~1833)

그 청년의 아버지는 어부였는데 아들을 법대에 보내고 무척 기뻐하셨습니다. 그런데 아들이 주일성수 때문에 사법시험을 볼 수 없다고 하자 몹시 낙담하셨다고 합니다. 그 모습을 보고 청년은 심적으로 큰 갈등을 겪었으나 주일성수에 대한 본인의 의지를 꺾을 수는 없어, 주일이 아닌 다른 날에 사법 시험을 볼 수 있는 방법을 찾아보기로 결심했습니다. 그래서 결국 변호사에게까지 찾아오게 된 것입니다. 변호사는 그 청년을 위해 헌법 소원을 시작했습니다. 물론 소송에 이길 가능성은 전혀 없었습니다. 그렇지만 영국 노예제도를 반대했던 윌버포스를 떠올리며, '계란으로 바위를 치는 것이라 할지라도 계속 문제를 제기하자. 윌버포스도 죽기 전에 노예제도 폐지를 보지 않았는가!' 생각하고 재판을 시작했습니다. 재판은 주일이 아니면 시험 볼 장소가 없다는 이유로 패소했습니다.

그러나 그 재판은 기독교인들에게 주일성수에 대한 문제의식을 심어 주었습니다.[1]

경험적 축복주의

넷째로 경험적 축복주의입니다. 이것은 주일을 철저히 지키는 것이 성경적인 신앙이라는 것을 강조할 뿐만 아니라 거기에는 반드시 보상이 따른다는 것을 강조하는 입장입니다. 이러한 견해는 특히 보수적인 신앙을 가지고 있으면서 번영주의적인 신학을 따르는 사람들에게 큰 환영을 받고 있습니다. 이러한 입장에 서 있는 사람들은 실제로 경험한 간증들을 근거로 제시하기도 합니다. 이로써 이 견해는 신앙심이 있는 사람들에게 더욱 호소력을 갖습니다.

에릭 리들은 1902년 중국 천진의 스코틀랜드 선교사 가정에서 태어났습니다. 어렸을 때부터 중국 선교사의 자제로 먼 거리를 걸어 다녔던 습관 때문인지 에릭 리들은 육상에 탁월한 재능을 보였습니다. 그는 에든버러 대학에 입학한 후 본격적으로 육상선수로 활동하기 시작했는데, 당시 전 영국의 단거리 대회란 대회는 모조리 휩쓸었다고 합니다.

---

[1] 이 예화는 주명수, 『할렐루야 변호사』 (두란노서원)에서 소개된 내용을 바탕으로 각색했음을 밝혀둔다.

1924년 에릭 리들은 파리에서 열린 올림픽 대회에 출전합니다. 그는 100미터 달리기의 가장 유력한 우승후보였습니다. 그런데 100미터 경기 일정이 발표되었는데, 첫 예선일자가 7월 6일 주일 오후 3시와 5시였습니다. 감독이 그 일정표를 보여주자, 그는 "저는 주일에는 안 뜁니다" 하고 단호하게 말했습니다. 그의 금메달을 그 자신은 물론 그의 가족과 나아가 조국인 영국 국민 전체가 학수고대하고 있는 상황이었습니다. 그러나 그는 자신이 지금까지 지켜온 주일성수의 방식을 포기할 수 없었습니다. 에릭 리들이 100미터 출전을 포기했다는 소식이 전해지자 영국 전체에서 냉소적인 반응이 터져 나왔습니다. 그를 "편협하고 옹졸한 신앙인", "신앙을 소매 끝에 달고 다니는 신앙심 깊은 척하는 위선자", "조국의 명예를 버린 위선자"라고 비난하는 기사들이 신문에 도배되었습니다. 그러나 에릭 리들은 100미터 예선 경기가 있던 7월 6일 주일, 스콧츠 커크(Scats kirk) 장로교회에 있었습니다. 주일은 주의 날이었기에 에릭 리들은 경기장에 나가 동료 선수들을 격려하는 일도 하지 않고, 평소처럼 교회에서 성도들을 섬기며 온전히 그날을 하나님께 드렸습니다.

100미터 경기 결과 영국의 헤롤드라는 선수가 금메달을 목에 걸었습니다. 그가 우승하며 세운 기록은 에릭 리들에게 못 미치는 것이었습니다. 아쉬움이 남을 만도 했으나 에릭 리들은 연연해하지 않고 기쁜 마음으로 헤롤드의 우승을 축하해 주었습니다.

그후 에릭 리들은 자신의 주종목이 아닌 200미터에서 동메달을 땄습니다. 그리고 400미터 경기에서도 결승에 진출하게 되었습니다. 그런데 사실 400미터에서 에릭 리들이 좋은 성적을 낼 것이라고 기대한 사람은 아무도 없었습니다. 이미 예선에서부터 스위스의 임바흐, 미국의 피치 같은 선수들이 세계 신기록을 세우면서 우승 후보로 각광받고 있었기 때문입니다. 더구나 에릭 리들은 단거리에서만 강할 뿐 100미터가 넘어서면 힘이 떨어져 속도가 느려지는 선수로 평가받고 있었습니다. 하지만 결승의 날, 에릭 리들은 신들린 사람처럼 첫 코너를 돌았습니다. 경기를 지켜보던 전문가들이 "에릭이 저런 속도를 유지하다가는 도중에 쓰러져 죽을지도 모른다"고 중계할 정도였습니다. 하지만 에릭 리들은 임바흐, 피치 등의 쟁쟁한 경쟁자들을 물리치고 47초 6이라는 세계신기록을 세우며 금메달을 목에 걸었습니다.[2]

---

2) 이 예화는 러셀 W. 렘지, 『불의 전차, 그리고 그후』(라이트 하우스)에서 소개된 내용을 바탕으로 각색했음을 밝혀둔다.

에릭 리들(1902~1945)

•• 주일성수의 진정한 의미

우리가 앞에서 살펴본 여러 가지 사례들은 오늘날 주일을 지키고 있는 그리스도인들의 생활방식에 대해 가르쳐주고 있습니다. 결론적으로 이 네 가지 방식 중 어느 하나도 성경적인 주일성수의 방식이라고 확고하게 말할 수 없습니다.

그런데 많은 그리스도인들은 자기의 방식과 다른 주일성수 방식에 대해 서로 정죄하고 비난합니다. 그러나 그렇게 비판하고 있는 사람들 역시 확실한 성경의 가르침과 신학적 판단을 가지고 있는 것처럼 보이지는 않습니다.

성경의 견해와는 상관없는 편의주의적 자유주의는 올바른 주일성수의 원칙을 보여주지 못합니다. 확고한 신학적 검토가 없는 감상적 일원론도 주일성수를 위한 올바른 입장을 제시해주지 못합니다. 치우친 이원론 역시 성속을 통합하는 하나님 나라의 완성이라는 전망 안에서 주일성수가 어떤 의미를 지니는 것인지를 보여주기에는 충분하지 않습니다. 경험적 축복주의는 주일을 지키는 것조차 자기 번영을 위한 보상주의를 따르게 할 수 있다는 점에서 세속주의적 경향을 띠고 있습니다. 더욱이 주일성수에 대해 확실한 보상이 따르지 않을 때 신앙이 약한 사람들은 혼란을 겪게 될 수도 있다는 문제점을 내포합니다.

그러면 우리는 주일을 어떻게 지켜야 할까요? 그것을 결정할 수 있는 원리들을 확립하기 위해 우리는 먼저 2장에서 안식일과 주일의 관계부터 살펴볼 것입니다. 그리고 주일 규정의 정당성과 주일에 대한 안식일 제도의 영속성 여부를 생각해볼 것입니다.

CHAPTER

2

안식일과 주일

주일성수와 관련된 첫 번째 신학적 논쟁점이 바로 이것입니다. 즉 '일요일을 주일로 지키게 된 것은 타당성 있는 일인가'? 구약의 안식일 제도가 신약의 주일 제도 안에서 영속성을 갖는가?' 하는 문제입니다.

성수
주일

Chapter 1   주일을 어떻게 보내야 하나?

Chapter 2   안식일과 주일

Chapter 3   청교도들의 주일성수

Chapter 4   청교도들의 주일성수 전통에 대한 평가

Chapter 5   주일성수에 대한 현실적 제언

주의 날에 내가 성령에 감동되어
내 뒤에서 나는 나팔 소리 같은 큰 음성을 들으니
(계 1:10)

Chapter 2

안식일과 주일

•• 들어가는 말

교회마다 정도의 차이는 있지만 주일성수에 대해 갈등을 경험합니다. 나이 든 장로들과 중직자들은 요즘 교인들이 주일을 지키는 것이 예전의 자신들과 같지 않다고 비난하고, 젊은 이들은 주일성수의 개념은 케케묵은 구시대 율법주의의 유물이고, 이제는 그리스도 안에서 자유를 누려야 한다고 생각하기 때문입니다.[3] 이런 시점에서 우리가, 기독교 역사상 가장 엄격한 성경의 기준을 따라 신앙생활을 한 사람들 가운데 한 부류로 알려진 영국 청교도들의 주일성수 전통을 살펴보고, 그것을 평가하고, 우리 시대에 대한 적용을 생각해보는 것은

---

3) 김남준, 『예배의 감격에 빠져라』(서울: 생명의말씀사, 2010), 245~246.

의미 있는 일입니다.

주일성수와 관련된 논쟁점은 크게 두 가지입니다. 첫째는 일요일을 주일로 지키는 것의 역사적 정당성에 관한 것입니다. 둘째는 신약의 주일이 구약의 안식일과 갖는 신학적 연속성에 관한 것입니다.

•• 주일의 규정

'주일'(the Lord's day)은 문자 그대로 '주님의 날'입니다(계 1:10). 신약 성경에서 '주의 날'이라는 표현은 네 번 등장하는데, 그중 세 번은 종말론적 심판을 의미하는 말로, 나머지 한 번은 그리스도의 날을 의미하는 말로 사용되었습니다(살전 5:2, 살후 2:2, 벧후 3:10, 계 1:10).[4]

---

4) 우리말 성경 개역개정판에서 '주의 날'이라고 번역된 구절들은, 직역하면 '주님의 날'(ἡμέρα κυρίου, 살전 5:2, 벧후 3:10), '그 주님의 그날'(ἡ ἡμέρα τοῦ κυρίου, 살후 2:2), '그 주님께 속한 날'(τῇ κυριακῇ ἡμέρᾳ, 계 1:10)이다. 그랜트 오스본(Grant R. Osborne)은 계 1:10에서 사용된 '주님'(κύριος)의 형용사인 '주님께 속한'(κυριακός)이라는 단어의 가능한 의미를, '날'(ἡμέρα)과 연관하여 다음과 같이 세 가지로 제시한다. (1) 종말론적 심판의 날을 뜻할 수 있음. (2) 부활절인 주일을 가리킬 수 있으나 가능성이 낮음. (3) 가장 가능성이 있는 것으로서 '그리스도의 부활을 근거로 초대교회가 예배하는 날로 선택한' 주일을 뜻함. Grant R. Osborne, *Baker Exegetical Commentary on the New Testament: Revelation*, ed. Moisés Silva (Grand Rapids: Baker Academics, 2002), 83~84.

현재 우리는 일요일을 주일로 지키고 있는데, 주일성수와 관련된 첫 번째 신학적 논쟁점이 바로 이것입니다. 즉 '일요일을 주일로 지키게 된 것은 타당성 있는 일인가? 구약의 안식일 제도가 신약의 주일 제도 안에서 영속성을 갖는가?' 하는 문제입니다.

안식교를 비롯한 일부 이단들에서는 기독교가 일요일을 주일로 지키는 것이 대표적인 배교의 예라고 규정합니다. 그들은 이날이 로마제국 시대에 태양신 숭배의 날이었다고 주장하면서, 일요일을 주일로 정한 것은 기독교가 원래의 순수성을 잃고 이교와 종교적 혼합의 길을 간 사례라고 말합니다.[5]

그런데 이런 식으로 생각한다면 일주일 중 주일로 정할 수 있는 날은 단 하루도 없습니다. 기독교가 일요일에 예배하는 것이 태양신 숭배 사상의 영향을 받은 것이라면, 어느 날 예배하면 과연 당시 로마가 숭배하던 것들과 관계없는 날일까요? 그 당시의 월요일은 '달'(月)과 관계있는 날이고, 화요일은 전쟁의 신 '티르'(Tyr), 수요일은 폭풍의 신 '오딘'(Odin) 또는 '우든'(Woden), 목요일은 벼락의 신 '토르'(Thor), 금요일은 '오딘'의 처(妻)이자 사랑의 신인 '프레야'(Friya), 토요일은 땅의 신 '사투르누스'(Saturnus)와 관련된 날입니다. 그러므로 이러한 논리로 이

---

5) 총회 이단피해대책 조사연구위원회, 김인환, 심창섭, 『기독교 정통과 이단, 무엇이 다른가?』(서울: 대한예수교장로회총회출판부, 2009), 170.

야기하면, 구약의 안식일이 토요일임을 근거로 토요일을 주일로 삼는 안식일 교도들에 대해서도 '사투르누스' 곧 로마 신화에 나오는 제우스의 아버지 크로노스를 섬기는 이단과 종교적으로 혼합되었다고 비난할 수 있을 것입니다.[6]

물론 아우구스투스(Augustus, B.C. 63~A.D. 14)나 아우렐리아누스(Lucianus Domitius Aurelianus, 214~275) 황제 시절에 태양신을 중심으로 제국의 정신적 통합을 이루려는 시도가 없었던 것은 아닙니다. 그러나 그것은 제국 안에 있던 수없이 다양한 종교들을 일방적으로 무시하고 태양신으로 종교적 통합을 이룩하고자 했던 조치라기보다는, 다양한 민족들을 하나의 국민정신으로 묶고자 한 정서적 의도가 더 강하게 작용하여 나타난 정책이었습니다. 그러므로 일요일이 고대 신화 속에서 태양에게 바쳐진 날이었다는 사실만을 가지고 신약 교회가 일요일을 주일로 지키게 된 것을 비난하는 것은 역사적으로나 신학적으로 타당한 근거를 찾을 수 없는 행동입니다.

오히려 신약성경에는 안식일이 기독론적 전환(christological conversion)을 통해 오늘날 기독교에서 주일로 규정한 '안식 후 첫날'이 될 수 있는 근거와 역사적 사실들이 풍부하게 제시되어 있습니다.

---

6) Eviatar Zerubavel, *The Seven Day Circle: The History and Meaning of the Week* (Chicago: University of Chicago Press, 1989), 12.

예수 그리스도께서는 당신이 안식일의 주인이라고 말씀하셨습니다(마 12:8). 또한 안식일이 사람을 위하여 있는 것이지 사람이 안식일을 위해 있는 것이 아니라고도 하셨습니다(막 2:27). 그 예수 그리스도께서 안식 후 첫날 부활하셨으며, 막달라 마리아와 다른 마리아가 부활하신 주를 처음 뵌 날도 안식 후 첫날이었습니다(마 28:1, 막 16:9). 제자들이 부활하신 주를 뵙게 되는 모임도 안식 후 첫날이었습니다(요 20:19). 무엇보다, 사도 요한이 성령에 감동되어 일곱 교회의 계시를 본 것이 '주의 날' 바로 주일이었습니다(계 1:10).[7] 그가 요한계시록을 기록한 연대가 주후 90~96년경이니, 우리는 여기서 이미 이때쯤에는 신학적으로 그리스도의 부활이 6일 창조 후의 안식보다 더 중요시되었음을 알 수 있습니다. 실제로 문헌을 보면 안디옥의 이그나티우스(Ignatius)가 기독교인에 대해 "안식일을 위하여서가 아니라 주의 날을 위하여 산다"라고 말하고 있음을 발견하게 됩니다(이그나티우스, 마그네시아 사람들에게 보낸 편지 9:1). 2세기 즈음부터 이미 안식 후 첫날을 '주의 날'로 지키기 시작했던 것입니다.

---

[7] 여기서 요한이 사용하고 있는 '주의 날'이라는 표현은 분명히 우리가 말하는 '주의 날'(주일)과 같은 것이다. 이것은 문헌에 나타난 최고의 '주의 날'에 대한 언급이다. 윌리엄 바클레이, 『바클레이 성경주석 12 요한계시록』 (서울 : 기독교문사, 2009), 79.

초대교회가 안식일보다 안식 후 첫날을 지키는 일에 더 무게 중심을 두었던 것은 예수 그리스도의 부활이 초대교회 성도들에게 매우 큰 의미를 지니는 사건이었기 때문입니다. 그러므로 오늘날 주일성수의 개념이 흐려지고 있는 것은 그리스도인 안에서 부활의 의미가 퇴색되고 있는 것과 무관하지 않습니다.

주일성수에 대해 가장 올바른 전통을 세웠다고 평가되는 청교도들도 역사적으로 일요일을 주일로 지키게 된 것에 대해 로마의 태양신 숭배 관습과는 상관이 없고, 오히려 그리스도께서 부활하신 신학적 사실 그리고 공교회의 역사적 결정과 깊은 관련이 있다고 보았습니다.

이러한 사실을 토대로, 우리는 안식 후 첫날인 일요일을 '주일'로 지키는 전통이 역사적 타당성을 지니고 있음을 확인할 수 있습니다. 나아가 우리는 이것을 로마의 이교적 절기의 형식을 기독교적 내용으로 환치하여 기독교의 예배와 신앙의 신장을 가져온 선교적 정황화(missionary contextualization)의 성공 사례라고도 볼 수 있습니다(고전 9:20).

•• 안식일의 영속성

주일성수와 관련된 두 번째 신학적 논쟁점은 안식일의 영속성에 대한 것으로, 여기에서는 신약 시대의 주일이 안식일의 성질과 능력을 그대로 계승하고 있는지가 주된 화두입니다. 이 문제에 대하여 루터나 칼빈 등의 견해는, 청교도들과 조나단 에드워즈(Jonathan Edwards, 1703~1758) 그리고 찰스 핫지(Charles Hodge, 1797~1878) 등의 견해와 대조를 이룹니다. 그러나 양측 모두 주일과 안식일과의 신학적 연속성을 완전히 부인하거나 둘이 신학적으로 완전히 동일하다고 생각한 것은 아니었습니다. 양측의 견해의 뚜렷한 구별점은 주일과 안식일 사이의 신학적 불연속성을 강조하였는가, 연속성을 강조하였는가에 있습니다.

루터와 칼빈을 비롯한 종교개혁자들은 두 날 사이의 신학적 불연속성을 강조하여 안식일 제도 폐지론을 따랐고, 청교도들은 대체로 칼빈의 신학을 물려받으면서도 두 날 사이의 연속성을 강조하여 안식일 제도 영속론을 따랐는데, 조나단 에드워즈와 찰스 핫지와 같은 개혁신학자들도 이 견해를 따랐습니다.

안식일 제도의 폐지론

루터는 십계명 중 안식일에 관한 제4계명은 구약 이스라엘 백성들을 규율하던 것이지, 오늘날의 기독교인들을 규율하는 것은 아니라고 보았습니다. 특히 주일을 지키는 동기

마틴 루터(1483~1546)

는 안식일을 지키는 것과 다름을 주장하면서 다음과 같이 말했습니다.

"만약 어디에서든지 그날이 단순히 그날이기 때문에 거룩하게 된다면, 만약 어디에서든지 유대교적 근거를 두고 그것을 준수하게 된다면, 나는 그날에 일하고 말을 타고 춤을 추고 연회를 열고 이러한 그리스도인의 자유에 대한 침해를 제거하기 위한 어떤 일이든지 하라고 명할 것이다."[8]

그가 이렇게 단호한 입장을 취한 것은 중세의 유대교 개종자들이 범한 안식일주의의 과오를 피하고, 가톨릭교회가 제정한 지나치게 많은 성일들의 준수로 오히려 피폐해진 대중들의 삶을 회복해 나가려는 의도 때문이었는데, 그러다 보니 안식일 계명이 주일과는 아무 관계가 없다고 선언하는 잘못을 범하고 말았습니다.

---

8) James Augustus Hessey, *Sunday, its Origin, History, and Present Obligation: Considered in Eight Lectures Preached before the University of Oxford in the Year MDCCCLX* (London, John Murray, Albemarle Street, 1861), 222. 이 책에서 주일에 관한 루터의 이 언급은 루터와 제자들의 신학적 담론을 엮은 책 『탁상담화』(Table Talk)에 실려 있는 것으로 그 출처를 표기했는데, 나는 실제로 『탁상담화』에서 그것을 찾을 수 없어서, 1차 자료 없이 인용문이 실린 책의 출전만 기록한다.

루터는 안식일 제도가 그리스도의 구속과 함께 폐지되었다고 확신했지만, 그것은 안식일을 준수하는 의식(儀式)적 전통에 대한 것이지 안식일이 지니는 고유의 영속적인 의미까지 부인한 것은 아니었습니다. 그는 구약의 안식일 제도 안에서 드러나는 노동으로부터의 육체적인 쉼, 하나님을 경배해야 할 의무, 영원한 안식을 바라본 모상으로서의 지상적 안식일 개념의 신학적 또는 자연법적 계승 같은 것의 중요성을 인정했습니다. 다만, 안식일 제도 자체만 구약의 의식법(儀式法)과 함께 폐지되었다고 보았을 뿐입니다.

존 칼빈(John Calvin, 1509~1564) 역시 제4계명의 의식적인 부분은 그리스도가 오심으로 의심의 여지없이 폐지되었다고 주장하였습니다. 그는 "너희가 날과 달과 절기와 해를 삼가 지키니 내가 너희를 위하여 수고한 것이 헛될까 두려워하노라"(갈 4:10~11)라는 사도 바울의 주장을 근거로 제시하며, 날들에 차별을 두는 것은 미신적인 것이며 그리스도의 영광과 복음의 광채를 가리는 것이라고 하였습니다.[9]

이 탁월한 제네바의 목회자는 주일을 거룩히 지킴에 있어서 안식일의 율법을 준수하는 태도를 받아들이는 것에 대해서는 분명히 소극적인 입장을 취했습니다. 그러나 그 역시 안식일

---

9) John Calvin, *Institutes of the Christian Religion*, vol. 2, trans. Henry Beveridge (Grand Rapids: Eerdmans Publishing Company, 1981), 341~343.

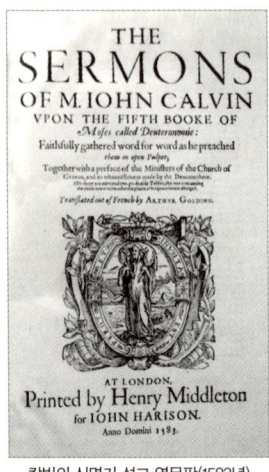

칼빈의 신명기 설교 영문판(1583년)

의 종말론적 의미와 현실적 실천의 필요성을 인정했습니다. 그래서 안식일의 의미를 주일에 투영하여, 주일은 마지막 날에 있을 영원한 안식의 완성을 바라보는 것이며 이날을 지킴으로써 신자는 전 생애에 걸쳐 완전을 향해 나아가게 된다고 하였습니다.[10] 이러한 사실은 그가 안식일의 신학적 의미에 관해 설교한, 그의 『신명기 설교』(Sermons on Deuteronomy)에서도 잘 나타납니다.

> 안식일 또는 안식하는 날은 우리 주 예수 그리스도께서 이 땅에 오셨을 때까지는 율법 아래 있는 그림자였다. …… 율법이 완전히 폐지된 것은 아니기 때문에 우리는 그것의 본질과

---

[10] "그러므로 주께서 일곱째 날을 통해 당신의 백성들에게 마지막 날에 그분의 안식이 완전히 성취될 것을 설명하셨는데, 그들로 안식일을 끊임없이 묵상하게 하심으로써 일생동안 이 완성을 사모하도록 하기 위함이신 것 같다. … 더욱이 주 예수 그리스도께서 오심으로써 이 계명의 의식적인 부분이 폐지되었다는 것은 의심할 여지가 없다" John Calvin, *Institutes of the Christian Religion*, vol. 1, trans. Henry Beveridge (Grand Rapids: Eerdmans Publishing Company, 1981), 340~341.

실체를 여전히 주목해야 한다. 그러나 그것의 그림자는 우리 주 예수 그리스도가 오심으로 인해서 폐지되었다.[11]

안식일은 주 예수 그리스도께서 실제로 오셨을 때 성취될 것들을 드러내는 형상과 같았다. 따라서 안식일은 하나님께 드리는 모든 예배로 확장되어 자기 자신을 부인하고 자신을 세상과 육신의 모든 더러운 것과 분리하지 않고서는 하나님을 진정으로 영화롭게 할 수 없다는 것을 알려준다. …… 우리는 이제 율법 아래 있던 외향적인 것들이 아닌 예수 그리스도께서 몸소 우리에게 가져다 주신 것을 통해 만족을 누리고 있기에 그분을 지극히 영화롭게 해드려야 한다. …… 그러므로 우리는 실체에 이르러야만 한다. 곧 하나님을 잘 섬기는 것이다.[12]

칼빈은, 안식일은 폐지되었으나 구약의 안식일 제도가 갖는 모든 신학적인 의미가 함께 폐지되었다고는 보지 않았습니다. 그는 십계명에 안식일의 계명을 두신 것은 다음과 같은 세 가지 목적을 위해서라고 주장하였습니다. 첫째로는, 이스

---

11) John Calvin, *Sermons on Deuteronomy* (Edinburgh: The Banner of Truth Trust, 1987), 200.
12) *Ibid.*, 201.

라엘 백성들로 하여금 일곱째 날을 안식일로 정하여 영적 안식의 표로 삼고자 하기 위함이었습니다. 둘째로는, 믿음의 백성들이 정해진 날에 함께 모여 하나님의 법도를 깨닫고 예배하게 하기 위함이었습니다. 셋째로는, 종들과 다른 사람들을 노동에서 쉬게 하기 위함이었습니다. 이 세 가지 목적 중 첫째는 그리스도 안에서 폐기되었는데, 그것은 그리스도 안에서 누릴 실체로서의 안식이 실현되어 그 그림자는 더 이상 의미가 없기 때문입니다. 그러나 나머지 둘은 영원히 계속되는 의미를 가지고 있다고 보았습니다.[13]

루터와 칼빈의 이러한 안식일 폐기론적 입장은 신학적으로 잘못된 점이 분명히 있으나, 당시의 역사적이고 종교적인 상황을 고려할 때 충분히 이해가 가는 일입니다. 그때는 로마 가톨릭이 중세의 미신적 전통을 따라 수많은 성일과 절기를 정해놓고 이 날들을 준수하는 것이 행위의 공로로써 구원받는 것과 관련이 있다고 가르치던 시기였습니다. 당시 로마 가톨릭의 사제들은 이러한 날들을 위해 규정된 의무들을 준수하고 성인들의 이름을 숭배하면 죄의 사면과 축복이 교회와 사제들을 통해 주어지는 것처럼 가르쳤습니다. 그런데 더 큰 문제는 그렇게 지켜야 할 성일과 절기가 정신을 차리지 못할 정

---

13) John Calvin, *Institutes of the Christian Religion*, vol. 1, trans. Henry Beveridge (Grand Rapids: Eerdmans Publishing Company, 1981), 339.

도로 많아, 오히려 사람들에게 짐이 될 정도였다는 것입니다. 1362년 영국에서 공포된 '이슬랩의 율령 제3호'는 다음과 같은 날을 거룩하게 지키라고 명령하고 있습니다.

우선 먼저 안식일의 저녁기도 시간부터 시작되는 거룩한 주일을 지켜야 한다. 그리고 축일 전야의 예배가 있는 축제일도 같은 방식으로 지켜야 한다. 또한 예수 그리스도의 성탄일, 성 스데반 기념일, 이노센트 기념일, 순교자 도마의 기념일, 그리스도의 할례제, 주현절, 성모 마리아의 청정일, 3일 동안 이어지는 부활절, 전도자 성 마가 기념일, 사도 빌립과 야고보 기념일, 성 십자가 발견 기념일, 승천절, 3일 동안 이어지는 오순절, 그리스도 성체절, 성 세례 요한의 탄신일, 사도 베드로와 바울의 기념일, 성 도마의 승천일, 막달라 마리아의 기념일, 성 사도 야고보의 기념일, 성모 마리아 승천일, 성 로렌스 기념일, 성 바돌로매 기념일, 성 마리아 탄신일, 성 십자가 찬송일, 성 마태 기념일, 성 미가엘 기념일, 전도자 성 누가의 기념일, 사도 시몬과 유다의 기념일, 만성절, 성 안드레 기념일, 성 니콜라의 기념일, 성모 수태일, 사도 도마 기념일, 모든 교구의 교회에서 행하는 봉헌제, 모든 교구의 교회가 기념하는 성자 봉헌제, 특별히 지역적 전통이나 어떤 지식적 관례에 의해 모든 교구에서 기념되는 다른 축제일들, 이상의 모든 축일도 마찬

가지로 지켜야 한다.[14]

19세기 교회사가인 장 메를 도비뉴(J. H. Merle D'Aubigne, 1794~1872)는 『16세기 종교개혁사』(History of the Reformation in Sixteenth Century)에서 16세기 당시 절기 준수에 만연한 불경한 정신을 다음과 같이 기술하였습니다.

장 메를 도비뉴(1794~1872)

불경한 정신이 신앙을 침범하여, 믿는 자들에게 자기 성찰과 사랑을 강력하게 요청해야 할 교회의 거룩한 절기들이 저속한 익살과 이교도의 신성 모독으로 불경해지게 되었다. '부활절 주흥'(Easter Drolleries)은 교회의 행사에 중요한 위치를 차지했다. 부활 축일은 기쁨으로 기념하는 날이어야 했기에 청중의 웃음을 자극할 수 있는 모든 것을 추구했고 설교에도 집어넣었다. 한 설교자가 뻐꾸기 소리를 흉내 내면 다른 설교자는 거위처럼 쉭쉭거렸다. 한 설교자가 성직자의 옷을 입은 한 평신도를 제단으로 끌고 가고, 두 번째 설교자는 매우 외설적

---

14) A.H. Lewis, *A critical history of Sunday legislation from 321 to 1888 A.D.* (New York: D. Appleton, 1888), 87-88.

인 이야기를 하고, 세 번째 설교자는 사도 베드로의 모험을, 이를테면 어떻게 그가 선술집에서 사람들이 많은 가운데 주인을 속이고 계산을 하지 않았는지를 이야기했다. 좀 열등한 성직자들은 그들보다 좀더 우월한 성직자들을 조롱하는 일에 이것을 이용하였다. 이렇게 교회는 무대로 변해갔고 사제들은 협잡꾼들이 되어갔다.[15]

칼빈은 당시 널리 유포되어 있던 절기의 미신적 준수들이 참된 기독교적 경건에 가장 큰 적들 중 하나라고 생각하였고, 이러한 잘못된 의무 수행 등을 통하여 바리새적인 의를 쌓는 일에 대해서도 통렬하게 비판하였습니다. 특히 이러한 미신적인 사순절의 준수에 대해 칼빈은 『기독교강요』(*Institutes of Christian Religion*)에서 다음과 같이 비판하였습니다.

사순절의 미신적인 준수는 도처에 만연하였다. 왜냐하면 평민들은 이것으로 하나님께 어떤 탁월한 섬김을 수행한다고 생각했으며 목회자들은 그것이 그리스도를 거룩하게 닮아가는 것이라고 권하였기 때문이다. 그러나 분명한 것은 그리스도께서 다른 사람들에게 본을 보이고자 금식하지 않으셨다는 것이

---

15) J. H. Merle D'Aubigne, *History of the Reformation in the Sixteenth Century* (New York: G. P. Putnam and Sons, 1872), 9~10.

기독교강요 최종판(1559)

다. 오히려 금식하심으로 복음 선포 사역을 시작하셔서 그 복음이 인간에게 속한 것이 아니라 하늘로부터 내려온 것임을 입증하려고 그리 하신 것이다.[16]

이러한 상황에서 루터와 칼빈과 같은 1, 2세대 종교개혁자들은, 주일성수를 비롯하여 어떤 특정한 행위의 의무들을 율법적으로 규정하고 이것들을 구약의 안식일을 지키는 방식으로 준수하게 하는 것은 예수 그리스도의 부활의 영광과 복음의 빛을 흐리는 일이라고 생각하게 되었습니다. 그래서 복음의 자유를 율법의 속박으로 바꾸는 것을 과도하게 경계한 나머지 안식일 제도 폐기론을 주장하게 된 것입니다.

그러나 그렇다고 해서 루터와 칼빈이, 교부와 중세시대부터 지속되어온 주일성수의 의무와 전통을 전적으로 폐기하고자 주장한 것은 아니었습니다. 그들은 주일성수에서 미신적

---

16) John Calvin, *Institutes of the Christian Religion*, vol.2, trans., Henry Beveridge (Grand Rapids: Eerdmans Publishing Company, 1981), 465.

이고 공로적인 요소를 제거하여, 그날을 명실상부하게 그리스도의 구속과 인간의 자유가 기념되는 '주의 날'이 되게 하고자 개혁의 기치를 높이 들었습니다. 주일성수를 자기의(自己義)와 보상을 얻을 수 있는 수단으로 보는 것은 '오직 은혜로써'(sola gratia), '오직 믿음으로써'(sola fide), '오직 그리스도'(solus Christus)라는 종교개혁의 신학과 배치되는 것이기 때문입니다.

안식일 제도의 영속론

반면 청교도들은 주일과 안식일 사이에는 신학적 연속성이 있으며, 주일은 안식일 제도의 연속선상에 있다고 보는 견해를 취했습니다. 그들의 이러한 견해는 주일성수, 도덕적 생활, 절제 등을 강조하는 청교도의 개혁적인 성향을 못마땅하게 여겼던 제임스 1세와 찰스 1세의 정치적인 박해와 무관하지 않습니다. 정치적 핍박 속에서 청교도들은 주일이 단지 그리스도의 부활을 기리기 위해서만 제정된 날이 아니라 동시에 자연법에 근거를 둔 날이라는 점도 탐구하기 시작했습니다.

청교도들은 자신들의 주일성수에 대한 강조가 성경의 교리에서뿐만이 아니라 자연법의 질서 속에서도 타당성을 지님을 입증하고자 노력하였습니다. 그 대표적인 예가 바로 주일성수의 근거를 6일 창조 후에 있었던 하나님의 안식에서 찾는 것이었습니다(창 2:1~2). 이에 대한 청교도들의 생각은 『웨스트민스터 신앙고백』(*Westminster Confession of Faith*)에 잘 나타나 있습니다.[17]

   일반적으로 하나님을 예배하기 위하여 합당한 시간을 따로 구별해두어야 하는 것은 자연법칙에 속하는 일인데 하나님께서는 그분의 말씀 가운데서도 모든 세대의 모든 사람들에게 구속력이 있는 적극적이며 도덕적이며 영속적인 계명으로, 주로 일곱 날 중 하루를 안식일로 정하여 그분을 향해 거룩히 지키도록 지정하셨다. 이날은 창세로부터 그리스도의 부활 때까지 일주일의 마지막 날이었는데 그리스도의 부활 이후부터는 일주일의 첫째 날로 바뀌게 되었다. 성경에서는 이날을 '주일'이라고 부르는데 이날은 세상 끝날까지 기독교의 안식일로 지속되어야 한다(21.7).

   그렇다면 이날에 앞서 그들의 마음을 합당하게 준비하고 그들의 일상을 정돈한 이후에 안식일에는 온종일 세상의 일과 오락에 대한 일과 말과 생각으로부터 거룩한 안식을 준수해야 할 뿐 아니라 이날의 모든 시간을 공적인 예배와 사적인 예배를 실천하며 마땅히 해야 할 의무와 자비의 의무로 하나님을 향해 거룩하게 지켜야 한다(21.8).

---

17) Westminster Assembly, *The Confession of Faith, The Larger and Shorter Catechisms* (Glasgow: Free Presbyterian Publications, 1973), 95~96.

웨스트민스터 예배당

여기에는 주일성수를 위해 행해야 할 것('do's)과 행하지 말아야 할 것('do not's)이 유대인들의 안식일 규례만큼은 아니지만 비교적 상세하게 등장합니다. 사실 청교도의 안식일은 유대의 안식일을 상당부분 본뜨고 있습니다. 용어적인 측면에서도 신약의 저자들은 '안식일'이라는 단어를 언제나 이레되는 날을 가리킬 때만 사용하였고, 교회사 속에서도 천년 이상 '안식일'은 계속 그날을 가리키며 사용되었음과 달리, 청교도들 사이에서는 '안식일'이라는 용어가 기독교의 예배일을 가리키는 말로 사용되었습니다.

청교도들이 이러한 입장을 취한 것은 주일성수가 종파적 이슈가 아니라 자연법적 질서 안에서 인류의 행복을 증진시키는 항구적인 법칙이라고 믿었기 때문입니다. 그리고 이러한 생각은 그들로 하여금 '안식일 제도 영속론'의 입장을 따라 자연스럽게 초대교회의 안식일 준수 규례를 주일성수의 방식으로 수납하게 하였습니다.

그러나 엄밀한 의미에서 볼 때 청교도들이 본뜬 것은 구약의 안식일 준수 규례가 아니라 신약의 초대교회 시절의 안식일 준수 규례라고 말할 수 있습니다. 예수님의 부활 사건이 있었던 그 당시로 돌아가 봅시다. 예수 그리스도께서 부활하셨지만, 제자들이 그 부활 사건의 신학적 의미를 온전히 인식하게 된 것은 그로부터 훨씬 후의 일입니다. 오순절 성령

강림 사건이 있고 난 후에야 비로소 제자들은 예수 그리스도의 부활 사건이 지니는 의미를 겨우 이해할 수 있었습니다(행 2:22~36). 이러한 사실로 미루어볼 때, 우리는 그리스도의 부활 사건이 있고 난 후에도 한동안 제자들이 유대인들의 안식일의 규례를 따라 행동하였음을 짐작할 수 있습니다.

"제자들이 감람원이라 하는 산으로부터 예루살렘에 돌아오니 이 산은 예루살렘에서 가까워 안식일에 가기 알맞은 길이라"(행 1:12).
"안식일에 우리가 기도할 곳이 있을까 하여 문 밖 강가에 나가 거기 앉아서 모인 여자들에게 말하는데"(행 16:13)
"안식일마다 바울이 회당에서 강론하고 유대인과 헬라인을 권면하니라"(행 18:4)

사도들은 안식일에 회당에 나가 하나님의 말씀을 전하고 기도하였을 뿐 아니라 헬라인과 유대인들을 권면하였습니다. 이방인들에게도 복음이 전파되고 성령이 부어지기 전까지 그리스도인들은 거의 모두 유대인들이었습니다. 따라서 그들이 주일을 지키는 방식이 얼마 동안은 유대인으로서 안식일을 준수하는 것과 크게 다르지 않았을 것입니다. 그러나 그것은 구약의 율법을 따르던 유대인들이 신약의 복음을 깨닫고 새로운 교회 질서가 세워지기까지 잠정적 시기 동안의 일이었습니다. 마치 선지자직은 구약의 직임(職任)이었으나 신약에서 잠정적으로 유지되었던 것처럼 말입니다(행 15:32, 고전 12:28~29).

예수 그리스도의 부활 사건 후에도 얼마간은 유대인들이 안식일을 지키던 방식을 따라 그리스도인들이 주일성수를 하였는데, 청교도들은 이것을 주일성수의 항구적 모범이라고 해석하고 이것을 구약 안식일 제도가 갖는 자연법적 질서와 연결 지음으로써 자신들의 엄격주의를 정당화하였습니다. 그들이 안식일 제도와 주일 제도 사이에 신학적 연속성을 줄기차게 주장하였던 것도 바로 이러한 이유 때문이었습니다.

그러나 그렇다고 해서 주일성수에서 구약의 규례를 엄격하게 적용하는 엄격주의의 원조가 청교도들이었던 것은 아닙니다. 주일성수에 대한 엄격주의의 전통은 이미 중세시대 때부터 있었습니다.

케네스 파아커(Kenneth L. Parker)에 따르면, 순교자 유스티누스(Justinus Martyr c.100~165), 이레나이우스(Irenaeus, c.120/140~c.200/203), 테르툴리아누스(Tertullianus, c.155/160~c.220)와 같은 교부들은 예수 그리스도의 산상수훈의 방식을 택하여 안식일에 대한 가르침을 죄에서 벗어나 영적으로 안식하는 것으로 해석하였다고 합니다. 그 후 4세기의 교부들인 시리아의 에프렘(Ephrem of Nisibis, c.306~373)이나 가이사랴의 유세비우스(Eusebius of Caesarea,

260/265-339/340) 등에 의해 구약의 안식일을 신약의 주일에 적용하는 유비가 채택되었다는 것입니다.[18]

주일성수에 대한 엄격주의 풍조가 심화되자, 585년 제2차 마콘(Macon) 공의회에서는 주일성수에서 유대인들이 안식일을 준수하는 방식을 따르는 것에 대해 경고하기에 이릅니다. 그러나 마콘 공의회는 주일을 영속적인 안식의 날로 선언하며 일상의 노동을 명시적으로 금지하여 한편으로는 엄격주의의 전통을 강화시키기도 하였습니다.

이러한 사례들을 살펴볼 때 청교도들의 주일성수에 대한 엄격주의는 주일성수에 대한 유대인들의 안식일 개념을 율법적으로 적용한 전통으로 회귀한 측면이 있습니다. 그리고 이러한 청교도들의 태도는 종교개혁자들의 신학적 입장과는 미묘한 차이를 보입니다.[19] 그리스도 안에서 폐지된 구약의 안식일 제도와 신약의 주일 제도 사이의 신학적 불연속성을 강조했던 루터나 칼빈과는 달리, 청교도들은 안식일 제도의 영속성을 주장하며 주일성수에 대해 엄격주의적 입장을 취하였던 것입니다.

---

18) Kenneth L. Parker, *The English Sabbath: A study of doctrine and disciple from the Reformation to the Civil War* (Cambridge: Cambridge University Press, 1988), 17~18.
19) *Ibid.*, 18.

공의회가 열렸던 프랑스 마콘의 오늘날 모습

청교도들의 안식일 제도의 영속성에 대한 주장은 조나단 에드워즈에게까지 계승되는데, 그는 구약의 안식일 제도가 본래 의도했던 목적과 내용이 신약의 주일 제도 안에서 완성되었다고 주장하였습니다.[20] 그는 자신의 설교에서 구약의 안식일 제도의 영속성에 대해 다음과 같이 언급합니다.

이 계명은 …… 돌판에 새겨져 공표된 것이니 최소한 그 내용에 관한 한 의심할 여지없이 영원히 지속되는 영속적인 의

---

[20] Jonathan Edwards, "The Perpetuity and Change of the Sabbath," in *The Works of Jonathan Edwards*, vol. 17, ed. Mark Valeri (New Haven: Yale University Press, 1999), 220~250.

무입니다. 따라서 그리스도가 십계명 중 어떤 계명도 폐지하지 않으셨으며 오히려 완전한 숫자 10이 아직도 있으며 세상 끝날까지 있을 것이라 마땅히 생각해야 합니다.[21]

성경은 두 종류의 창조를 말하는데 옛 창조와 새 창조가 그것입니다. 조나단 에드워즈는 구약의 교회가 옛 창조를 기념해야 했던 것처럼, 신약의 교회도 똑같이 새 창조를 기념해야 한다고 주장하였습니다. 장사된 지 사흘 만에 이루어진 예수 그리스도의 부활은, 엿새 동안의 창조 후에 있었던 하나님의 안식과 동일하다고 본 것입니다.[22]

또한 안식일 제도의 영속성을 주장한 대표적인 개혁 신학자로 찰스 핫지를 꼽을 수 있습니다. 그는 신약의 주일 제도는 궁극적으로 '온 인류에게 적용되어야 할 안식일의 기독교적인 적용'이라고 보았습니다. 그는 주일성수가 종교적 지식을 증진시키며, 그것을 무시하면 이교(異敎)의 사상이 팽창할 것이라고 생각하였습니다. 그는 자신의 책 『조직신학』(*Systematic Theology*)에서 구약시대 안식일 제도의 본질적 의미는 모든 인류에게 적용되는 것으로, 신약시대 기독교에서는 주일 제도가

---

21) *Ibid.*, 227.
22) *Ibid.*, 233~234.

찰스 핫지(1797~1878)

되었다고 주장하였습니다.[23]

안식일의 율법이 이와 같이 주어졌다는 사실은, 앞에서 제시된 바와 같이 그것의 영속적인 의무를 부인하는 사람들조차도 공통된 견해이므로, 그것이 인류에게 주어졌다는 것은 곧 인류를 위한 것임을 의미한다는 이 원리를 받아들이는 사람들은 안식일의 영속성에 대해 이성적으로 문제를 제기할 수 없다. …… 이러한 결론을 지지하는 하나의 강력한 주장은, 안식일에 대한 율법이 기독교 교회의 오류 없는 설립자들인 사도들의 새로운 시대에 계속되었고, 또 포함되었다는 것이다.[24]

---

23) Charles Hodge, *Systematic Theology*, vol. 3 (Grand Rapids: Eerdmans Publishing Company, 1977), 329~330.
24) 찰스 핫지는 '안식일의 율법이 주어졌다는 것'에 대해 팔리 박사(Dr. Paley)의 글을 인용한다. "만약 하나님의 명령이 실제로 창조 때 전달되었다면 그것은 의심의 여지없이 인간이라는 모든 종에게 선고된 것이고 만약 어떤 뒤이은 계시에 의해 폐지되지 않는 한 계속되는 것이므로 그것을 알게 되는 모든 사람을 구속하는 것이다." William Paley, *The Principles of Moral and Political Philosophy*, vol. 2, Book 5, Chapter 7 (New York: B. and S. Collins, 1835), 37. Charles Hodge, *Systematic Theology*, vol. 3 (Grand Rapids: Eerdmans Publishing Company, 1977), 329에서 재인용.

•• 결론

지금까지 우리는 주일 규정의 신학적이고 역사적인 정당성과 주일에 대한 안식일의 영속성 여부에 대하여 살펴보았습니다. 우리는 주일을 어떻게 지킬 것인지에 대해 고민하기에 앞서 두 가지 문제에 대해 숙고하였습니다. 첫째로 '일요일을 주일로 지키는 것이 신학적으로 역사적으로 타당성이 있는 일인가' 하는 문제이고, 둘째로 안식일 제도의 영속성 여부에 관한 문제입니다.

이 두 가지 문제에 대한 숙고의 결론은 다음과 같이 정리할 수 있습니다.

첫째로 일요일을 주일로 규정한 것에 대한 숙고입니다. 엄밀히 말하면 일요일을 주일로 지키게 된 것이 아니라 안식 후 첫날을 주일로 정하게 된 것입니다. 그리고 이것은 그리스도의 부활이라는 구속 경륜의 핵심적 사실과 관련된 것입니다. 이미 신약성경에서 주일의 이러한 구속사적 의미를 규정하고 있다는 점에서 안식 후 첫날을 주일로 지키게 된 것은 성경적으로나 신학적으로 정당합니다. 더불어 우리는 이 문제를 로마의 종교적 관습에 대한 선교적 적응이라는 측면에서 판단할 필요가 있는데, 기독교가 일요일을 주일로 지키게 된 것은 기독교의 주일이 로마의 우상 숭배사상에 전

염되었다기보다는 오히려 기독교의 신앙의 내용이 그것들을 대치하였다고 볼 수 있습니다. 그런 점에서 안식 후 첫날을 주일로 지키게 된 전통은 역사적이고 선교적인 정당성을 가지고 있습니다.

둘째로 안식일 제도의 영속성에 관한 것입니다. 안식일 제도의 영구적인 폐지를 주장하는 신학적 전통은 확고하게 종교개혁자들의 사상에 뿌리를 두고 있습니다. 그렇지만 이러한 주장을 펼친 루터나 칼빈 등의 개혁가들의 주장은 안식일 제도가 지니고 있는 모든 영속적인 의미가 폐지되었다는 것은 아니었습니다. 루터와 칼빈은 당시 미신적으로 행해지고 있던 날들에 대한 종교적인 준수를 경계하고, 그리스도를 통해 이미 이루어진 구속의 완성을 기념하는 날로서의 주일을 강조하였습니다. 그래서 종교개혁자들은 다음과 같은 사실을 확고히 하였습니다.

(1) 노동으로부터의 육체적인 쉼
(2) 하나님을 경배하여야 할 의무
(3) 하나님 나라에서 누릴 영원한 안식의 종말론적인 선취

그들은 이러한 것들이야말로 주일이 계승해야 할 안식일 제도의 영속적 의미라고 보았습니다. 따라서 그들은 안식일 제

도는 폐지되었지만 그중 어떤 신학적인 의미들은 오늘날까지 계승되고 있다고 본 것으로 생각할 수 있습니다. 반면 청교도들과 조나단 에드워즈, 찰스 핫지와 같은 신학자들은 안식일 제도의 영속론을 주장하였습니다. 그러나 그렇다고 이들이 그리스도의 부활 사건이 구속 경륜의 핵심이라는 사실을 부정하거나 약화시킨 것은 아닙니다.

우리는 청교도들이 안식일 제도 영속론을 주장하였던 것을 보며, 어떤 신학적인 견해를 확실히 함에 있어서 당시의 종교 정치적인 상황에 영향을 받지 않을 수 없음을 생각하게 됩니다. 청교도들의 안식일 제도 영속론은 종교적으로는 청교도주의의 삶에 대한 엄정한 견해를 약화시키고자 하였던 정치적인 박해와 관련이 있으며, 사회적으로는 많은 노동자들이 저임금 근로에 시달리며 노동력을 헐값에 제공해야 했던 사회경제적인 상황과 관련이 있습니다. 무엇보다도 청교도들은 주일성수에 대한 자신들의 견해로 당시의 사회경제적인 상황 속에서 약자로서 고통을 받고 있는 시민들의 복지를 보호하고자 하는 의도를 가지고 있었습니다. 하루에 16시간씩 쉬는 날 없이 노동자들을 혹사시키는 당시의 산업 현장은 18세기 산업혁명을 준비하고 있던 영국의 상황이었습니다. 청교도들이 안식일의 규례를 엄격하게 주일에 적용하고자 했던 것은 이러한 상황에서 이루어진 것입니다. 특히 제임스 1세와 찰스 1세의 종교적 포고령을 둘러싼 정치적 상황들은 청교도들로 하여금 이러한 종교적 입장들에 대해 유연한 자세를 취할 수 있는 여지를 축소시켰습니다. 그리고 조나단 에드워즈와 찰스 핫지 같은 신학자들은 이러한 청교도의 입장을 계승하고 있습니다.

안식일과 주일
이해와 나눔

●내용 이해를 위한 토의

1. 주일을 지키는 방식에 대한 그리스도인들의 태도는 크게 네 가지로 분류될 수 있습니다. 각각 무엇입니까?

2. 안식 후 첫날인 일요일을 '주일'로 지키는 전통이 역사적 타당성을 지닌다고 말할 수 있는 근거는 무엇입니까?

3. 안식일 제도의 영속성과 관련하여 루터나 칼빈이 가졌던 견해는 무엇입니까? 그들이 이러한 입장을 취하게 된 배경은 무엇입니까?

4. 안식일 제도의 영속성과 관련하여 청교도들의 견해는 무엇입니까? 청교도들이 이러한 입장을 취하게 된 이유는 무엇입니까?

● 적용과 실천을 위한 나눔

1. 예전에는 주일을 거룩하게 지키는 것은 그리스도인의 당연한 의무로 받아들여졌습니다. 지금, 당신은 주일을 거룩하게 지켜야 한다고 생각합니까? 주일을 어떻게 보내는 것이 주일을 거룩하게 지키는 것이라고 생각하는지, 각자 자신의 생각을 나누어 보십시오.

2. 주일을 지키는 문제에 있어서 자신의 실제적인 모습은 저자가 언급한 네 가지 태도 중 어디에 가까운지 생각해보고, 자신의 주일성수의 태도에 대해 문제가 있다고 여겨지는 부분이 있다면 그것은 무엇인지 구체적으로 나누어 보십시오.

3. 저자는 주일성수의 개념이 흐려지고 있는 것은 그리스도인 안에서 부활의 의미가 퇴색되고 있는 것과 무관하지 않다고 말합니다. 저자가 이렇게 말하는 이유는 무엇인지 생각해보고, 자신의 삶 속에 부활 신앙의 유익을 실제로 누리고 있는 부분이 있다면 함께 나누어 보십시오.

4. '안식일 제도를 인류가 존재하는 한, 영원히 지속될 성질이나 능력을 가진 것으로 인식하는 것이 타당한가?' 하는 문제에 대한 여러분의 견해는 무엇입니까?

5. 주일성수의 전통은 단순히 신앙적인 열심에서 나온 것이 아니라 그 시대 그리스도인들의 신학적 각성과 사상적 고민의 결과물이었습니다. 또한 그것은 그리스도인들이 자신의

시대와 유리된 채 신앙생활 한 것이 아니라 자신의 시대를 껴안고 신앙생활 해 나갔음을 보여줍니다. 분명한 사상을 갖고, 그 사상에 일치하는 삶을 현실 속에서 구현해 냈던 종교개혁자들이나 청교도들의 모습을 보며 드는 생각은 무엇인지 나누어 보십시오.

CHAPTER 3

청교도들의 주일성수

구약시대의 안식일은 신약시대의 주일에서 완성될 예수 그리스도를 통해 성취되는 안식을 전망적으로 바라보는 것이었을 뿐 아니라, 종말에 전 인류 안에서 성취될 피조세계의 영원하고도 완전한 안식을 바라보는 모형이라고 보았던 것입니다.

성수
주일

Chapter 1   주일을 어떻게 보내야 하나?

Chapter 2   안식일과 주일

Chapter 3   청교도들의 주일성수

Chapter 4   청교도들의 주일성수 전통에 대한 평가

Chapter 5   주일성수에 대한 현실적 제언

너는 이스라엘 자손에게 말하여 이르기를 너희는 나의 안식일을 지키라
이는 나와 너희 사이에 너희 대대의 표징이니
나는 너희를 거룩하게 하는 여호와인 줄 너희가 알게 함이라
(출 31:13)

Chapter 3

청교도들의 주일성수

•• 들어가는 말

조국 교회가 가지고 있던 확고한 전통 중 하나는 주일성수에 관한 것이었습니다. 당시 기독교의 중심지였던 평양에서 주일이면 거의 대부분 상점들이 문을 닫았다는 이야기는 이러한 전통을 반영하는 것이었습니다. 물론 이러한 전통에는 율법주의적인 당시의 경향도 반영되어 있습니다. 그리고 한국 사람들의 고유한 심성, 곧 자신의 신앙을 철저한 치성으로서 이해하려는 종교적인 경향성도 작용하였을 것입니다.

그러나 오늘날에는 신앙에서 많은 규범들이 가지는 구속력들이 점차 사라지고 산업주의의 영향으로 편의적이고 자유주의적인 태도들이 널리 퍼지게 되었습니다. 이제 우리는 주일성수의 전통을 별 특별한 의미가 없는 낡은 전통의 유산으로 생각하고 있는 것 같습니다. 이렇게 안이한 생각 속에서 기독교인의 삶의 진지함은 사라지고 신앙과 윤리의 기준도 느슨해져 가고 있습니다. 이러한 상황 속에서 기독교 역사상 가장 엄격한 기준을 따라 신앙생활을 한 사람들로 알려진 청교도들의 주일성수 전통을 살펴보는 것은 의미 있는 일이 아닐 수 없습니다.

•• 역사적 배경

17세기 영국 청교도들의 주일성수에 대한 헌신은 순교를 무릅쓴 것이었는데, 이는 당시 정치적인 상황과 관련이 있습니다. 청교도들에 대한 제임스 1세의 정치적인 핍박은 그들의 신앙에 대한 도전이었고, 이로써 청교도들은 주일성수 문제에 대해 더욱 단호한 태도를 취하게 되었습니다.

주일성수에 관한 청교도들의 기본적인 원칙은 말씀과 상식에 부합하여야 한다는 것이었는데, 이는 예배와 예전의 경계를 지정해주는 규범성과 양심의 자유를 위한 유연성을 동시에 제공해주는 것이었습니다. 이러한 기본 원칙 안에서 청교도들은 주일성수에 대하여 엄격주의적인 입장을 고수하였습니다.

청교도들의 엄격주의적 주일성수는 당시의 정치·사회적인

제임스 1세의 스포츠 선언(1803년판)

상황을 배경으로 갖는데, 그 핵심은 1617년, 제임스 1세가 공표한 '스포츠 선언'(Declaration of Sports)이라는 칙령이었습니다. 이것은 청교도들에 대한 도전이었습니다. 이 선언은 교인들이 주일 오후에 각종 스포츠나 오락을 취미로 행하는 것을 종교적인 이유로 금지시킨 교회의 가르침에 전면적으로 반대하는 것이었기 때문입니다.

제임스 1세는 피를 흘리는 가학성 스포츠가 아닌 한 교인들이 주일 예배를 마친 후 이것들을 얼마든지 즐겨도 된다고 공표하였는데, 여기에는 악기 연주, 댄싱, 뜀뛰기 등의 스포츠 활동이 포함되었으며 후일에는 술잔치, 가면무도회 등까지 확대 허용되었습니다. 그는 너무 엄격한 주일성수는 오히려 영국 국민들을 종교에서 멀어지게 할 뿐이라고 주장하며, 주일에 스포츠와 오락을 허락함으로써 국민들의 건강에 이바지하고 또한 젊은이들이 신체를 단련하여 언제 일어날지도 모르는 전쟁에 대비하는 것이 국익에 도움이 된다고 설명했습니다. 조셉 터럴(Joseph Turral)은 제임스 1세의 '스포츠 선언'의 취지를 다음과 같이 정리합니다.

청교도들은 그들이 다스리는 지역 어디에서든지 일요일 오락을 금하고자 하였다. 1617년 제임스 1세 왕이 랭커셔 지역을 방문하는 동안 지역 주민들로부터 탄원이 들어왔는데, 이는

제임스 1세

청교도 위정자들이 승인하지 않는 일요일의 스포츠 활동의 참여를 허용해달라는 간청이었다. 제임스는 이에 랭커셔 지역 주민을 위해 아래와 같은 스포츠 선언을 공포하였고 그 다음 해인 1618년 이것을 나라 전체에 시행하도록 확장하였다.[25]

물론 제임스 1세의 이러한 조치가 청교도들로 하여금 더 엄격한 안식일주의자가 되게 했다는 주장에 대해서는 토론의 여지가 있습니다. 그러나 이러한 정치적 상황이 청교도들로 하여금 주일성수 문제에서 양보적인 태도를 취할 수 없도록 그들을 막다른 길로 내려갔다는 것은 확실합니다. 더욱이 청교도들은 당시 많은 박해 속에서 연단된 사람들이었기 때문에 주일성수 문제에서도 쉽게 양보할 수 없는 경직성을 가질 수밖에 없었습니다. 그들은 늘 배교의 공포에 시달리며 살았기 때문입니다. 청교도들의 작품들 중에 배교(apostasy)에 관한 작품들이 많은 것

---

25) Joseph Turral ed., *Illustrations to British History*(Oxford: Clarendon, 1917), 148~151.

도 이러한 맥락에서 이해해야 합니다.[26]

이러한 상황에서 '스포츠 선언'의 공표는 교회 안에 있는 비회심자들과 불경건한 평신도들에게 교회의 거룩한 질서에 합법적으로 도전할 수 있는 길을 열어주었습니다. 실제로 그들은 청교도들이 모인 저녁 기도 시간에 총과 함께 북을 가지고 와서 두드리며 기도회를 방해하면서, "청교도들이여, 밖으로 나오라!"고 소리쳤습니다.[27]

당시 영국의 상황을 리처드 백스터는 자신의 경험을 토대로 이렇게 설명하였습니다.

> 내가 어릴 적에 …… 아버지의 소작인 가운데 마을에서 피리 부는 사람이 있었다. 마을 무도회가 열리는 장소는 우리

---

[26] 로버트 마틴은 배교와 관련하여 다음과 같은 청교도 저작들을 소개하였다. John Owen, *Nature and Causes of Apostasy from the Gospel* ; Thomas Boston, *The Folly of Turning Aside from the Land; The Sin of People's Forsaking God and Betaking Themselves to the Creature in His Stead; William Bridge, The Evil of Unbelief in Departing from God A Warning to Apostates Robert Murray M'Cheyne, Will Ye Also Go Away?*; John Sheffield, What *Relapses are Inconsistent with Grace?* Richard Sibbes, *The Danger of Backsliding*. Robert P. Martin, *A Guide to the Puritans* (Glasgow: The Banner of Truth Trust, 1997), 7~8.

[27] Kenneth L. Parker, *The English Sabbath: A study of doctrine and disciple from the Reformation to the Civil War* (Cambridge: Cambridge University Press, 1988), 154.

집 문에서 100야드도 떨어지지 않은 곳이었다. 그래서 우리는 주일날에 시편을 읽는 것은 물론 기도나 찬송도 할 수 없었다. 심지어 단 한 사람에게도 교리문답을 하거나 가르칠 수 없었다. 거리에서 계속하여 피리소리와 북소리와 고함소리가

리처드 백스터(1615~1691)

시끄럽게 들려와 우리 귀를 괴롭혔다. …… 그 선언에 의해 공적인 예배 시간 이외에는 놀고 춤추는 것이 허용되자, 오락을 그칠 수 없었던 사람들 때문에 어쩔 수 없이 성경낭독자가 피리소리와 사람들의 놀이가 멈출 때까지 가만히 서 있어야 했다. 그리고 때로는 모리스 가장무도회 참석자들이 스카프를 두르고 기묘한 윗옷을 입고 다리에 방울을 흔들거리며 교회로 몰려오곤 했다. 그들은 공동기도를 읽자마자 급히 다시 자기들의 놀이로 돌아갔다. 과연 이것이 천국의 교제였을까?[28]

이러한 정치·종교적 상황에서 주일성수에 대해 미온적인 입장을 취하는 것은, 당시 청교도들에게는 신앙을 포기하고

---

28) Richard Baxter, *The Divine Appointement of the Lord's Day* (Proved, 1671), 904

정치 권력에 영합하는 '거의 배교'(almost apostasy)와 다름없는 행동이었습니다. 이러한 역사적 상황을 겪으면서 1643~1647년에 웨스트민스터 기준 문서들이 작성되었기에, 웨스트민스터 신앙고백은 주일성수에 대한 언급을 많이 담고 있을 수밖에 없었습니다.

그런데 스포츠와 관련하여 주일성수의 방식에 대한 청교도들의 고집은 또 한 가지 역사적 배경을 가지고 있습니다. 그것은 루터보다는 칼빈의 영향을 많이 받은 것이었습니다. 사실 루터는 스포츠나 신체적 유희에 관하여 열린 시각을 가지고 있었고, 특히 그리스도인이 자신의 신체를 돌보는 일은 꼭 필요한 일이라고 보았습니다. 그래서 루터는 실제로 그리스도인들에게 체조, 펜싱, 레슬링과 같은 스포츠를 권하기까지 하였습니다.

그러나 칼빈은 신체단련을 위한 체육활동에 대해 회의적이었습니다. 이 때문에 칼빈의 가르침을 따르는 영국의 청교도들도 신체적 활동에 대해 조심스러운 태도를 가지고 있었습니다. 칼빈의 이러한 사상은 『신명기 설교』(Sermons on Deutronomy)에 잘 나타납니다.

> 안식일은 하나님을 섬기는 일에서 신자들을 훈련시키는 방편 또는 질서였다. …… (그 방편은) 하나님의 이름으로 우리를

존 칼빈(1509~1564)

모이게 하는 역할을 하며, …… 우리는 이 안식을 더 높은 목적에 적용해야 한다. 곧 하나님의 사역들을 생각하는 것을 방해하는 우리의 모든 일들을 삼가야 하고 하나님의 이름을 부르며 그분의 말씀으로 우리를 훈련시켜야 한다. …… (그런데도) 주님의 날을 게임이나 헛된 오락, 참으로 하나님을 거스르는 행동들로 보냈다면 그들은 주님의 날을 거룩하게 지키지 않았기 때문에 하나님을 노엽게 해드렸다는 생각을 해야 한다.[29]

청교도들은 그리스도인으로서 적절한 운동과 위생 관리에는 관심을 가지고 있었으나 오늘날의 볼링과 유사한 스키틀(skittles), 다트(dart)와 같은 게임에 빠져서 기도를 태만히 하는 것은 죄라고 분명하게 규정하였습니다. 하지만 그렇다고 해서 청교도들이 스포츠를 통한 신체단련을 반대했던 것은 아닙니다. 그들이 우려했던 것은 스포츠와 오락 자체가 아니라 그것 때문에 쾌락주의에 빠져 신자로서의 경건의 의무를 태만히 하는 것이었습니다. 그 태만은 자연스럽게 악에 빠지는 결과를 초래할 것을 알았기 때문입니다.

스포츠와 놀이에 대한 청교도들의 이러한 태도 역시 당시

---

[29] John Calvin, *Sermons on Deuteronomy* (Edinburgh: The Banner of Truth Trust, 1987), 203~204.

의 정치뿐만 아니라 사회적이고 종교적인 문맥을 충분히 고려하여 이해해야 합니다. 당시 청교도들이 삶의 모든 방면에서 추구해온 온전함과 경건하고 엄격한 신앙의 관습에서 보았을 때 이러한 스포츠나 놀이들은 오늘날 중립적으로 받아들여질 수 있는, 육체의 건강을 증진하고 심신을 휴식하게 해주는 레크리에이션이 아니었습니다. 이것은 마치 일제 강점기에 조선의 백성들이 화투나 음주, 놀음에 빠져 살았던 것이 단순한 오락이 아니라 심각한 사회적 병폐였던 것과 마찬가지입니다.

제임스 1세의 '스포츠 선언'에 맞서는 과정에서 청교도 목회자들에게 추방령이 내려졌습니다.[30] 이후 제임스 1세에 이어 왕위에 오른 찰스 1세는, 1625년에 '스포츠 선언'과 관련하여 '일요일이라 불리는 주일에 저질러지는 여러 부패한 행동들의 처벌에 관한 법령'(*An Act for Punishing Divers Abuses Committed on the Lord's day, called Sunday*)을 공표했는데, 이는 주일에 곰놀리기, 소놀리기와 같은 가학적 스포츠를 금하고 이를 어길 때에는 벌금형에 처한다는 내용이었습니다. 찰스 1세의 이같

---

30) J. R. Tanner, *Constitutional Documents of the Reign of James, 1603-1625 with an Historical Commentary* (Cambridge: Cambridge University Press, 1960), 54~56; 강미경, "제임스 1세의 청교도 정책," 『대구사학』, 제108집(2012년 8월): 148에서 재인용.

은 정책은 당시 영국이 제임스 1세 때와는 조금 다른 정치적인 상황을 맞이하게 된 것과 관련이 있습니다. 왕권을 제한하려던 의회파가 득세하여 주일성수 문제를 다룸에 있어서 청교도들에게 유리한 환경이 조성되었던 것입니다. 1625년에 공포된 법령이 제임스 1세 때 금지된 조항만을 강력하게 부각시키게 된 것도 바로 이러한 정치적인 상황 때문이었습니다.[31]

그 이후 청교도들은 이미 제임스 1세 때 선포된 '스포츠 선언'의 내용을 담은 스포츠서(Book of Sports)를 금서로 지정하고 일요일의 스포츠 활동을 하는 행위를 강력하게 규제하였습니다. 하지만 이러한 청교도의 엄격한 조치에 반발하는 교인들의 움직임도 나타났는데, 영국 국교회의 대주교인 윌리엄 로드(William Laud, 1573~1645)는 이러한 분위기에 편승하여 찰스 1세로 하여금 이미 제임스 1세 때 선언된 적이 있던 '스포츠 선언'을 재천명하게 하였습니다. 이로써 그 선언은 오히려 이전보다 좀더 확대 시행되기에 이르렀습니다.[32]

이러한 상황은 청교도들로 하여금 단지 주일성수로 인한 박

---

31) Kenneth L. Parker, *The English Sabbath: A study of doctrine and disciple from the Reformation to the Civil War* (Cambridge; Cambridge University Press, 1988), 175~177.
32) Ibid., 189~191.

해만을 감당하는 데 그치지 않고, 주일성수의 당위성을 찾기 위한 신학적 탐구에 박차를 가하게 하였습니다. 그리하여 주일의 개념과 의미에 대한 연구는 청교도들에 의해 성경에 계시된 내용에 대한 탐구를 넘어서서 일반 학문으로까지 확대되었습니다. 그들은 신학적으로 신약시대 주일의 의미 안에서 구약시대의 안식일의 의미를 역망적으로 이해하는 대신, 그 반대로 후자 안에서 전자를 전망적으로 이해하였습니다. 이것은 안식일의 자연법적 의미를 탐구하게 하여, 주일성수에 대한 그들의 단호한 태도가 단지 기독교의 한 교리에 대한 종파적 소수의 종교생활이 아니라, 인류 전체의 일반 은총적 생활에 적용되어야 할 자연법에 기초를 둔 것으로 확신하게 만들었습니다.

다시 말해서 청교도들은 안식일 준수가 단지 이스라엘에게 주어진 종교적 율법의 문제가 아니라 인류 전체에 복지를 가져다 주는 자연법적 질서의 토대라고 보았습니다. 즉 구약시대의 안식일은 신약시대의 주일에서 완성될 예수 그리스도를 통해 성취되는 안식을 전망적으로 바라보는 것이었을 뿐 아니라, 종말에 전 인류 안에서 성취될 피조세계의 영원하고도 완전한 안식을 바라보는 모형이라고 보았던 것입니다.

•• 엄격주의적 주일성수

앞에서 살펴본 바와 같이, 중세교회는 주일성수에 유대인들의 안식일 율법을 적용하였습니다. 출처가 불분명하지만 일반 대중에게 널리 회자된 『일요일에 대한 서신』(Epistle on Sunday)에는 천국 창조, 그리스도의 잉태, 탄생, 부활 등의 신적인 기적이 일어난 날이 바로 일요일이기 때문에, 주일은 신적 기원을 갖는다고 기록되어 있습니다.[33]

토마스 아퀴나스(1225~1274)

주일성수에 대한 중세의 논의는 토마스 아퀴나스와 이후 13세기의 스콜라주의 신학자들의 새로운 해설로 마무리가 되는데, 이것이 후일 개신교 신학에 영향을 끼쳤습니다. 아퀴나스는 안식일의 계명을 둘로 나눴습니다. 첫째는 의식적인 의무로서 하나님께 예배하고 노

---

33) *Ibid.*, 18.

동을 그쳐야 하는 안식이고, 둘째는 도덕적인 의무로서 하나님께 예배하기 위한 시간을 떼어두는 것이었는데, 이는 유대인의 안식일 준수에서는 없던 구분이었습니다.[34]

구약의 안식일 준수 계명을 해석하면서 의식적 부분과 도덕적 부분으로 나누는 아퀴나스의 구분은 이후 모든 안식일 엄수주의를 지지하는 신학자들에 의해 받아들여졌습니다. 그들에 의하면, 안식일의 도덕적 의무는 그것의 준수가 하나님께 직접적으로 관계된 의무이기 때문에 사람들과의 관계를 규정하는 의무보다 훨씬 중요한 의무였습니다. 그래서 중세시대의 일부 극단적인 안식일 엄수주의자들은 "주일에 일하는 것이 주일에 사람을 죽이는 것보다 더 큰 죄다."라고까지 주장하였습니다. 이러한 주장은 후일 에라스무스(Erasmus)가 『우신예찬』(*Praise of Folly*)에서 "가난한 사람이 주일에 단 한 번 신발을 수선하는 것이 천 명의 사람을 죽이는 것보다 큰 죄다"라고 조롱하는 빌미가 되기도 하였습니다.[35]

---

34) *Ibid.*, 19~20.
35) 여기에 라틴 원문을 삽입해야 할 필요성이 있다. 왜냐하면 『우신예찬』의 여러 영어 번역본들이 제각기 다르기 때문이다. 제임스 파커는 라틴 원문에 가장 근접하게 영어로 번역해서 인용하였지만, 다른 영역본들은 '천 명이 아니라 '백 명'이라고 번역하기도 했고 '바느질 한 번'이 아니라 '바늘 한 땀'이라고 번역하기도 하였다. "...*velut levius esse crimen homines mille jugulare, quam semel in die dominico calceum pauperi consuere.*" Desiderius Erasmus, Μωρίας Εγκώμιον *sive Stultitiae Laus* (Basileae: printed G. Haas, 1880), 224.

주일성수의 근거가 하나님을 향한 경배의 의무라는 사실만을 지나치게 강조하다 보니까 이런 이상한 적용이 생겨나게 된 것입니다. 그러나 율법의 정신이 하나님께 대한 공경과 이웃을 향한 사랑을 분리하지 않고 있다는 성경적 강조를 생각할 때, 이러한 논쟁은 어리석은 일이 아닐 수 없습니다(마 22:37~40).

그후 종교개혁자들은 주일성수에 대한 중세적 해석을 상당 부분 배격하고, 주일성수를 말할 때 초대교부들의 전통을 따라 영적 안식의 측면을 더욱 강조함으로써 중세의 안식일 엄수주의에서 벗어나 자유로운 입장을 갖게 됩니다.

그러나 청교도들은 주일성수에서 초대교부들과 종교개혁자들의 입장과는 다소 차이를 보였습니다. 제임스 1세와 찰스 1세의 통치 아래서 정치적인 상황을 겪으면서, 청교도들은 더욱 깊은 신학적 탐구를 통해 자연법적 질서에 대한 강조를 주일성수 개념에 도입하였던 것입니다.

청교도들의 이러한 노력은 주일성수를 위한 자신들의 주장이 단지 기독교의 한 종파의 교리적 주장이 아니라 인간 생활 전체를 규율하는 자연법적 원리에 속한 문제임을 부각시키고자 한 것이었습니다. 청교도들은 종교개혁자들의 가르침에 따라서 복음의 자유를 강조한 사람들이었지만 주일성수의 근거에 대한 독특한 접근은 역설적으로 자신들의 주일성수의 규칙들에 중세의 전통을 도입하는 듯한 인상을 남겼습니다.

다시 말해서 청교도들은 그리스도의 구속과 부활을 통해 도입된 주일을 중심축으로 안식일을 보기보다는, 오히려 인류의 자연법적 토대가 되는 안식일을 중심축으로 주일의 신학적 의미를 생각하였습니다. 그래서 청교도들의 주일성수는 엄격하였습니다. 다시 말해서 신약시대의 주일은 이스라엘에게 율법으로 주어진 구약시대의 안식일이 온 인류에게 하나님 나라의 완성으로 이루어질 영원한 안식으로 이행하는 과정이라고 보았습니다. 그러므로 그들은 구속과 함께 도입되는 율법으로부터의 복음의 자유보다는, 복음을 바라보는 율법의 엄격함을 통해 주일성수의 개념을 설정하고자 하였습니다.

청교도들은 주일성수를 위해서 소극적으로는 세속적 직업 활동과 오락 등을 금하였고, 적극적으로는 주일에 오직 하나님만을 예배하고 정신의 관심을 말씀에 집중하고 선한 일에 봉사하는 행위들을 실천할 것을 강조하였습니다. 그리고 그들은 자신들의 주일성수의 개념이야말로 율법의 안식일 성수를 넘어선 복음적인 성격의 주일성수 방식이라고 판단하였습니다.

청교도들은 안식일에 담긴 자연법적 질서를 강조하며 엄격주의적 주일성수의 입장을 취했으나, 자신들의 입장은 단순히 구약 율법의 안식일 규정을 반복하는 것이 아니라고 생각하였습니다. 『웨스트민스터 대소요리문답』(*Westminster Larger and Shorter Catechisms*)에 실린 다음 항목들을 살펴보면 주일성수에 관한 청교도들의 엄격한 태도를 좀더 잘 알 수 있습니다.[36]

> **문** 안식일 곧 주일을 어떻게 거룩하게 해야 하는가?
>
> **답** 안식일 곧 주일은 온종일 거룩하게 쉼으로 거룩히 해야 한다. 언제나 죄악된 일은 물론이거니와 다른 날에 합당한 일이나 오락도 쉬어야 한다. 그래서 (부득이한 일과 자비의 일을 제외하고) 그날의 모든 시간을 공적인 예배와 사적인 예배를 실천하는 일에 사용하는 것을 우리의 기쁨으로 여겨 주일을 거룩하게 지켜야 한다. 이를 위해 우리는 마음을 준비하고 세상일을 미리 부지런히 조정하여 적절히 배치하고 처리하여 그날의 의무에 좀더 자유롭고 적합할 수 있도록 해야 한다(대요리 문답. 117).
>
> **문** 제4계명에서 금하는 죄는 무엇인가?
>
> **답** 제4계명에서 금하는 죄는 요구된 의무 중 어떤 것이라도 빠뜨리는 것과 이 의무들을 부주의하고 태만하고 무익하게 수행하는 것이며 그 의무들에 싫증 내는 것이다. 게으름으로 그리고 그 자체가 죄된 일을 행함으로, 세상일과 오락에 대

---

36) Westminster Assembly, *The Confession of Faith, The Larger and Shorter Catechisms* (Glasgow: Free Presbyterian Publications, 1973), 205~207, 303~305.

해 필요 없는 일과 말과 생각으로 그날을 모독하는 것을 금한다(대요리 문답. 119).

문 어떻게 안식을 거룩히 해야 하는가?

답 안식일은 온종일 거룩한 쉼으로 거룩히 해야 하는데 다른 날들에 합당한 세상일과 오락을 쉬어야 하고 부득이한 일과 자비의 일을 제외하고 그날의 모든 시간을 공적인 예배와 사적인 예배를 실천하는 일에 사용함으로 거룩히 해야 한다(소요리 문답. 60).

문 제4계명에서 금하는 것이 무엇인가?

답 제4계명은 요구된 의무들을 빠뜨리거나 부주의하게 수행하는 것을 금하고 게으름으로 혹은 그 자체가 죄된 일을 행함으로 혹은 세상일이나 오락에 대해 불필요한 생각과 말 혹은 일로 그날을 모독하는 것을 금한다(소요리 문답. 61).

문 제4계명을 지켜야 할 이유들은 무엇인가?

답 제4계명을 지켜야 할 이유들은 하나님이 한 주의 여섯 날을 우리 자신의 일을 위해 우리에게 허락하셨고, 그분이 일곱째 날을 자신의 특별한 날로 주장하셨고, 그분 자신이 모범이 되셔서 안식일을 축복하심으로 특별히 지킬 것을 요구하셨기 때문이다(소요리 문답. 62).

윌리엄 에임스(1576~1633)

청교도 신학자 윌리엄 에임스(William Ames, 1576~1633)도 주일성수에 관해 엄격한 견해를 가지고 있었습니다. 그는 주일성수에서 두 가지 요소를 강조했는데, 육체적 쉼과 예배에 방해되는 요인으로부터 자신을 떼어 놓는 것이었습니다.

그날(주일)을 올바르게 준수하려면 두 가지가 필요한데, 하나는 쉼이며, 또 다른 하나는 그날을 거룩하게 하는 것이다. 쉼이 요구하는 바는 하나님을 예배하는 일에 방해가 되는 모든 일들을 중단하는 것이다. …… 사업상의 모든 거래, 활동, 축제, 스포츠, 이와 유사한 다른 일들로 인해 마음이 신앙의 실천들로부터 멀어진다면 주일을 거룩하게 지키지 못한 것이다.[37]

윌리엄 퍼킨스(William Perkins, 1558~1602)의 주일성수에 대한 강조도 마찬가지입니다. 그는 안식일을 거룩하게 하기 위해

---

37) William Ames, *The Marrow of Sacred Divinity* (London: Edward Griffin for Henry Overton in Popes Head ally, 1635), 294, 298.

적극적으로 행해야 할 일들도 제시하지만, 안식일을 더럽히지 않기 위해 삼가야 할 일들도 강조하고 있습니다. 그는 주일성수를 위한 의무들을 사랑이 아닌 개인적인 편의를 고려하여 생각해서는 안 된다고 말합니다. 그리하여 주일에는 불필요한 여행이나 상거래, 각종 농사일은 물론이거니와 하나님을 예배하는 데에 집중하지 못하도록 방해하는 농담이나 스포츠나 도박도 멀리해야 한다고 주장합니다. 나아가서 그는 중심이 없이 겉으로만 안식일을 준수하는 것과 우상숭배적 탐심이나 과식, 간음과 같은 안식일을 모독하는 행위 등도 삼가야 한다고 하였습니다.[38]

가능한 간단하게 설명하려 했으나, 주일성수에 관한 청교도들의 엄격한 신학적 입장의 역사적 배경과 구체적 실천 사례들을 이야기하다 보니 설명이 길어졌습니다. 평신도들에게 이러한 설명은 그저 장황하게만 들릴지 모릅니다. 그러

윌리엄 퍼킨스(1558~1602)

---

38) William Perkins, *A Golden Chaine* (London: Iohn Legatt, dwelling in Little-Wood-streete, 1621), 197~212.

나 이 이야기들을 통해 제가 전달하고자 하는 요점은 단순명료합니다. 바로 청교도들은 자신들의 주일성수 개념을 중세의 안식일 엄수주의에서 가져왔는데, 이는 당시 그들이 처한 정치적 상황이 그들로 하여금 주일의 신학적 의미가 특별은총뿐만 아니라 일반은총의 질서의 빛 아래에서 해석되어야 한다는 신학으로 나아가게 하였기 때문이라는 것입니다. 즉 그들이 주일성수의 규칙들을 상세하게 규정한 것은 제임스 1세에 의해 촉발된 주일성수 문제의 정치적 쟁점화에 대한 신앙적 대응이었다고 볼 수 있습니다.

•• 언약신학 안에 있는 긴장

청교도들의 엄격주의적 주일성수의 전통은 그들의 언약신학과 밀접한 관계가 있습니다. 16~17세기 종교개혁자들의 언약신학은 강조점을 어디에 두고 있느냐에 따라 크게 두 가지 노선으로 나뉩니다. 언약의 두 당사자인 하나님의 주권과 그리스도 안에 있는 백성들의 언약적 의무 중에서 하나님의 일방적 호의임을 강조하며 언약의 편무성(片務性, unilaterality)을 주장한 사람들과, 하나님의 주권과 함께 인간의 의무도 강조하며 언약의 쌍무성(雙務性, bilaterality)을 주장한 사람들로 나뉜 것입니다.

칼빈과 같은 종교개혁자는 언약에서 하나님의 편무성을 강조함으로써, 신자의 구원에서 하나님의 주권적 은혜를 강조하였고, 불링거 (Heinrich Bullinger, 1504~1575) 와 같은 종교개혁자는 언약에서 인간의 의무를 강조하

불링거 (1504~1575)

는 쌍무성을 강조함으로써 구원에서 하나님의 주권적 은혜에 반응하는 언약 당사자들의 믿음과 순종을 강조하였습니다.

청교도들은 언약신학에 있어서 이 두 가지 입장 사이에서 절묘한 균형을 시도하였습니다. 즉 인간이 행위로 구원받는 것은 아니지만, 구원 받은 하나님의 백성들에게는 마땅히 언약관계에 충실할 의무가 있으며 이로써 그들의 구원의 진실성이 입증된다고 보았던 것입니다. 언약관계에 대한 이러한 해석은 청교도들에게 언약신학에 입각한 경건한 긴장을 도입하였고, 그들로 하여금 완전한 삶을 추구하게 하였습니다.

청교도들은 구원에서 '오직 믿음으로써'(sola fide)와 '오직 은혜로써'(sola gratia), 그리고 '오직 그리스도'(solus Christus)라는 종교개혁의 기치를 굳게 붙잡았으나, 그러한 강조 때문에 구원

받은 백성들이 '그릇된 안전감'에 빠져 언약적 긴장을 잃은 채 세상과 타협하게 되는 것을 경계하였습니다. 다시 말해서 구원에서 하나님의 주권적 은혜를 굳게 확신하면서도, 그 확신이 방만한 신앙으로 이어지지 않고 오히려 그 확신 때문에 하나님의 언약적 요구에 더 충실한 삶을 살아가야 한다고 굳게 믿었습니다. 그리고 그들은 자신이 구원 받은 자녀임을 삶으로 입증하며 살아가려는 긴장 속에서 배교의 위험이 극복된다고 생각하였습니다.

당시 정치적 박해와 종교적 핍박이 계속되면서 배교자들이 속출하는 상황에서 청교도들은 언약신학에 대한 이러한 독특한 해석을 통해 그 모든 상황들을 극복할 추동력을 제공받았던 것입니다. 제임스 1세의 반(反)신앙적인 조치에 대해 청교도들이 엄격한 주일성수를 고집한 것도 이러한 언약신학적 맥락에서 나온 것입니다.

청교도들은 한편으로는 구원 받은 신자는 결코 배교하지 않으며 또한 인간의 어떠한 행위나 공로도 그리스도 안에서 주어진 구원을 얻는 조건이 될 수 없다는 이신칭의(以信稱義)의 교리를 굳게 붙들었습니다. 그러나 또 한편으로는 구원 받은 신자들은 일생 동안 하나님의 계명에 순종함으로써 자신이 구원 받은 신자임을 입증하며 살아가야 할 거룩한 의무가 있다는 사실을 인식함으로써 언약신학이 주는 신앙적 긴장을 자신들의 삶 속에서 극대화하였습니다.

  종교를 정치 수단화했던 당시 영국의 사회상황을 염두에 둘 때, 청교도들이 이렇게 실천적 삶 속에서 언약신학의 긴장을 극대화한 것은 자신들의 영혼을 지키기 위한 신앙적 노력이었습니다. 그리고 그러한 신앙적 노력의 맥락 속에서 주일성수의 엄격주의적 전통을 세워간 것은 어떤 의미에서는 배교로 나아가지 않기 위한 불가피한 선택이었습니다.

●● 결론

  주일성수에 대한 청교도들의 다소 지나쳐 보이는 엄격주의적인 헌신은 당시 정치적인 상황과 관련해서 이해되어야 합니다. 제임스 1세의 정치적인 핍박에 대한 교회의 저항의 선봉에 바로 주일성수의 문제가 자리하고 있었기 때문입니다.

  청교도들의 주일성수 입장을 판단할 때 당시의 정치적 상황을 고려해야 한다는 사실은 아무리 강조해도 지나침이 없습니다. 역사에서 '만약에'라는 가정은 성립하지 않지만 그들이 직면한 독특한 정치적인 상황이 아니었다면 주일에 대한 그들의 견해는 칼빈의 전통을 따라 다소 유연하였을 것입니다. 따라서 이러한 역사적 상황에 대한 고려 없이 주일성수에 대한 청교도들의 견해를 문자적으로 우리에게 적용하는 것은 매우 신중한 신학적 검토가 필요한 일입니다.

물론 청교도들이 자신들이 직면한 정치적인 상황에서 택한 주일성수에 대한 견해들 속에서 우리는 서로 다른 시대를 뛰어넘어 항구적으로 존중되어야 할 몇 가지 원리들을 발견할 수 있습니다. 그리고 그것들에 대해, 그들과는 다른 시대를 사는 하나님의 자녀들로서 그 원리 안에서 그들처럼 헌신하여야 할 이유는 충분합니다. 그러므로 우리는 청교도들과 같은 정신으로 그리스도인의 삶을 진지하게 생각하고, 또 실제로 불의한 시대와 맞서며 하나님의 백성으로 살아가야 합니다.

청도교들의 주일성수
이해와 나눔

● **내용 이해를 위한 토의**

1. 기독교 역사상 가장 엄격한 성경의 기준을 따라 신앙생활을 한 사람들 가운데 한 부류로 꼽히는 영국 청교도들의 주일성수 전통을 살펴보는 것이 오늘날을 살고 있는 우리에게 의미있는 일이 될 수 있는 이유는 무엇입니까?

2. 청교도들의 엄격주의적 주일성수 전통의 정치·사회적인 배경은 무엇입니까? 제임스 1세와 찰스 1세의 정치적인 박해는 청교도들로 하여금 주일성수의 당위성을 찾기 위한 신학적 탐구에 박차를 가하게 하였습니다. 그리하여 그들이 얻은 결과는 무엇입니까?

3. 청교도들은 주일성수에 대한 그들의 단호한 태도가 인류 전체의 일반 은총적 생활에 적용되어야 할 자연법에 기초를 둔 것으로 확신하였습니다. 이러한 인식을 통해 우리가 알게 되는 구약시대 안식일의 의미에 대한 청교도들의 이해는 무엇입니까?

4. 중세로부터 종교개혁시대, 청교도 시대에 이르기까지 주일을 엄수하여 지키는 것에 대한 입장은 어떻게 변화하여 왔습니까?

5. 청교도들의 엄격주의적 주일성수의 전통은 그들이 가졌던 언약신학과 밀접한 관계가 있습니다. 청교도들의 언약신학은 무엇이며, 그것은 그들이 엄격한 주일성수를 고집하였던 것에 어떤 영향을 미쳤습니까?

● 적용과 실천을 위한 나눔

1. 지금 우리가 살고 있는 이 시대의 정치·사회적 상황은 어떠합니까? 이 시대의 상황으로부터 오는 우리의 신앙을 위협하는 공격에는 어떠한 것들이 있습니까?

2. 청교도들은 자신들이 살았던 시대의 특수성으로 인해, 선과 악으로 구분할 수 없는 중립적인 성격의 일인 스포츠와 놀이조차 신앙을 위협하는 수단으로 분류하였습니다. 현재 자신이 즐기고 있는 취미생활이나 오락, 또는 현재 자신이 고민하는 다양한 염려들 가운데 신자로서의 경건의 의무를 태만하게 만드는 결과를 초래하게 하는 것은 없는지 돌아보십시오.

3. 구원에 있어서 하나님의 주권적인 은혜에 대한 올바른 확신

은 방만한 신앙으로 이어지는 것이 아니라 보다 더 완전한 삶을 향한 몸부림으로 이어집니다. 자신의 삶을 돌아보며, 구원의 확신이 그 구원에 어울리는 삶을 살고자 하는 거룩한 긴장으로 이어지고 있는지, 만약 그렇지 못하다면 그 원인은 무엇이라고 생각하는지 함께 나누어 보십시오.

4. 청교도들이 살아갔던 시대의 상황을 고려할 때, 그들의 엄격한 주일성수 전통은 어떤 의미에서는 배교로 나아가지 않기 위한 불가피한 선택이었습니다. 이러한 사실을 염두에 두고 생각할 때, 오늘날을 살고 있는 우리가 청교도들의 주일성수 전통에서 배워야 할 것은 무엇일지 나누어 보십시오.

CHAPTER 4

청교도들의 주일성수 전통에 대한 평가

인간에게 부여된 하나님의 형상은 인간의 영혼과 육체를 모두 아우르는 것으로서 인간의 존엄과 가치의 근거가 되기 때문에, 두 가지의 안식은 인간에게 모두 필요합니다.

성수
주일

Chapter 1   주일을 어떻게 보내야 하나?

Chapter 2   안식일과 주일

Chapter 3   청교도들의 주일성수

Chapter 4   청교도들의 주일성수 전통에 대한 평가

Chapter 5   주일성수에 대한 현실적 제언

이러므로 인자는 안식일에도 주인이니라
(막 2:28)

청교도들의 주일성수 전통에 대한 평가

•• 들어가는 말

앞 장에서 우리는 청교도들의 엄격한 주일성수 전통은 당시 그들이 처한 정치적이고 종교적인 상황과 언약신학적 맥락에서 이해되어야 함을 살펴보았습니다. 지금까지 청교도들의 주일성수 전통이 어떠한 배경에서 세워진 것인지를 고찰했다면, 이제는 그렇게 세워진 청교도들의 주일성수 전통을 어떻게 평가해야 할지를 함께 생각해보아야 할 차례입니다.

청교도들의 주일성수 전통에 대한 올바른 판단을 위해서는 다음의 네 가지 사항을 숙고하여야 합니다. 이 네 가지 사항은 청교도들의 주일성수 전통에 대한 올바른 평가를 내릴 수 있는 구체적 잣대의 역할을 할 것이기 때문입니다.

우리는 이 장에서 다음의 네 가지 측면에서 청교도들의 주일성수 전통을 고찰할 것입니다. 첫째로 주일을 준수하는 방식에 대한 종교개혁자들과 청교도들 사이의 견해 차이는 무엇인가, 둘째로 한 주간의 계기적 순서로서의 주일의 '그날' 됨에 대한 청교도들의 구약적 집착은 무엇인가, 셋째로 주일에 누려야 할 안식에 있어서 육적 안식과 영적 안식 사이의 균형 문제를 청교도들은 엄격주의 안에서 어떻게 적용하였는가, 넷째로 주일을 지킬 때 예상되는 방종주의와 바리새주의를 어떻게 극복하였는가 하는 문제입니다.

●● 종교개혁자들과의 차이점

첫째로, 청교도들의 엄격주의적 주일성수의 전통은 칼빈을 비롯한 16세기 종교개혁자들과 구체적으로 어떤 차이점이 있는지부터 살펴보겠습니다.

루터와 칼빈을 비롯한 종교개혁자들은 구약에서 계시된 안식일 제도가 그리스도의 구속과 함께 폐지되었다고 보았습니다. 특히 루터는 제4계명은 과거 특정한 시대와 사람에게 적용되었던 것일 뿐 신약의 그리스도인들을 규율하지는 못한다고 보았습니다. 그래서 그는, 주일은 율법에서 안식일을 지키는 것과 같은 동기로 지키는 것이 아니며, 주일이 주일이기 때문에 다른 날에 비해 특별히 거룩한 날이라고 생각하는 것이나 주일은 거룩한 날이기에 거룩하게 지켜야 한다고 주장하는 것은 율법주의적 사고라고 보았습니다.

루터는 자신의 『대요리문답』(*The Large Catechism of Dr. Martin Luther*)에서 예수님이 밀밭 사이를 지나실 때에 제자들이 밀이삭을 꺾은 것을 두고 바리새인들이 비난하였던 대목을 예로 들며, 노동을 쉬고 안식하라는 제4계명의 의도를 노동 자체를 쉬는 것이 안식일을 거룩하게 하는 것인 양 받아들인 유대인들의 오해를 지적하였습니다. 그리고 주일성수의 개념을 확정함에 있어서 폭넓은 자유를 말합니다.

> 외적인 준수와 관련된 한에서 이 계명은 유대인들에게만 주어진 것이다. 그들은 일을 삼가고 휴식을 취하도록 되어 있었는데 이는 인간과 동물들 모두 생기를 되찾고 지속적인 노동으로 탈진하지 않도록 하기 위함이다. 하지만 유대인들은 이 계명을 매우 편협하게 해석한 나머지 아주 크게 오용하기도 했다. 복음서에서 읽은 바와 같이, 그들은 그리스도를 비방하였고, 자신들이 안식일에 익숙하게 행하던 바로 그 일들을 주님은 행하지 못하게 하려고 하였다. 마치 어떤 외적인 행동을 하지 않는 것으로 이 계명이 성취될 수 있는 것처럼 말이다. 그

러나 이 계명은 그런 의도로 주어진 것이 아니다. 곧 듣게 되 겠지만, 오히려 거룩한 날 또는 안식의 날을 거룩하게 하여야 함을 의미한다. 그러므로 외적인 의미에 의하면 이 계명은 우리 그리스도인들과 관계가 없다. 그것은 특별한 관습, 사람, 시간 그리고 장소와 관련된 구약의 다른 율례들처럼 전적으로 외적인 문제이다. 우리는 이제 그리스도를 통해 이 모든 것으로부터 자유함을 받았다(1.80-83).[39]

칼빈은 루터와 비슷한 신학적 입장에 있었지만, 주일성수에 대해서는 언약적 관점을 유지하였습니다. 다시 말해서 칼빈은 교회의 권위가 성경의 권위를 넘어설 수 없다는 다른 종교개혁자들의 신학에 전적으로 합의하였으나, 예배의 구체적 전례의 채택과 주일성수에 대해서는 루터보다 엄격한 입장을 취했습니다. 그러나 그렇다 할지라도 그의 신학을 계승한 청교도들보다는 칼빈이 훨씬 더 포용적이었습니다.

칼빈은 주일성수와 관련된 문제의 상당 부분을 '아디아포라'(adiaphora)에 속하는 것으로 돌렸습니다. 그렇다고 해서 칼빈이 주일성수와 예배 참석의 의무, 예배의 형식과 예전의 시

---

39) Martin Luther, *The Book of Concord, The Large Catechism of Dr. Martin Luther*, eds. Robert Kolb, Timothy J. Wengert (Minneapolis: Fortress Press, 2000), 397.

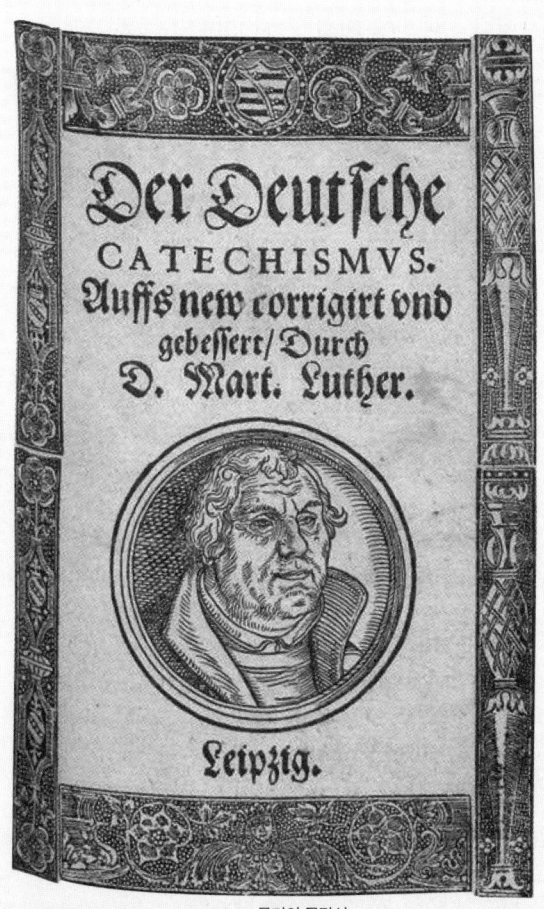

루터의 문답서

행 등에서 아무런 규모 없이 목회를 한 것은 아닙니다. 오히려 칼빈은 예배와 예전에 대해 구체적인 규칙들을 작성하였고 이러한 사실은 1537년에 작성된 제네바 교회의 법규인 『제네바 교회 조직과 예배에 관한 규정』(Articles Concernant L'Organisation De L'Eglise et du Culte a Genève)에서도 잘 나타납니다.[40]

칼빈이 예배나 전례, 주일성수에 관하여 이처럼 언약적 관점을 유지하면서도 포용적인 태도를 취한 것은 이 문제를 그가 다른 종교개혁자들과 함께 그토록 중시했던 양심의 자유와 깊이 관련되어 있는 것으로 보았기 때문입니다. 그는 그리스도인의 양심의 자유에 관한 문제를 '아디아포라'와 관련지었는데, '아디아포라'는 하나님의 말씀에 명백히 규정된 바 없고 종교적으로도 어떤 행동을 규제할 보편타당한 근거가 없는, 도덕적으로 '중립적인 것'이어서 때에 따라 작위(作爲)와 부작위(不作爲)가 허용되

---

[40] 『제네바 교회 조직과 예배에 관한 규정』은 당시 로마 가톨릭의 미신적인 행태의 잔재로 혼돈 가운데 있던 제네바 교회와 예배의 개혁을 더 견고하게 하기 위해 칼빈을 포함한 세 명의 목회자가 제네바 시의회에 제출한 문서이다. 빈약하긴 하지만 칼빈이 설교하였던 기독교 신앙과 예배 본연의 의미를 최대한 실현해 보고자 노력했던 흔적이 보인다. 그러나 예배와 예전에서 청교도들이 했던 방식으로 어떤 엄격한 규정을 전제하면서 논하기까지는 아니하였는데, 이러한 사실은 이후에 출간된 칼빈의 『제네바 교회의 교리문답』(Catechismus Ecclesiae Genevensis, 1545)을 보면 알 수 있다. John Calvin, *Selected Works of John Calvin: Tracts and Letters*, vol. 2, *Catechism of the Church of Geneva*, ed. Henry Beveridge, Jules Bonnet (Grand Rapids: Baker Books House, 1983), 61~63.

는 것, 따라서 각자 자신의 양심이 가르치는 바에 따라 자유롭게 행할 수 있는 사항에 속하는 것을 의미합니다. 그의 이러한 생각은 『기독교강요』에 나오는 다음 언급에서도 잘 나타납니다.

> 그리스도인의 자유의 세 번째 부분은 그 자체로 중립적인 것으로서, 어떤 외적인 사물들에 관한 것이다. 이러한 사물에 대하여 우리는 하나님 앞에서 신앙적으로 얽매이지 않았기 때문에, 그런 '중립적인 것들'(ἀδιάφοραι)을 어떤 때에는 이용하기도 하고 또 어떤 때에는 그렇게 하지 않고 넘어가기도 하는 일들이 허용된다.[41]

또한 그는 이 문제를 그리스도의 양심의 자유라는, 당시 가톨릭을 반대하던 종교개혁자들에게는 아주 민감했던 주제와 관련시킵니다.

> 경건을 실천하는 어떤 사항들을 세워놓고 신자들이 자유로운 양심을 가지고 그것들을 행하거나 행하지 않을 수 있도록 하는 것과, 어떤 법을 만들어서 양심의 덫에 옭아매는 것 사이

---

[41] "Teria: ut nulla rerum externarum, quae per se sunt ἀδιάφορα, religione coram Deo teneamur, quine as nunc usurpare, nunc omittere indifferenter liceat." John Calvin, *Christianae Religionis Institutio* (1536), VI, in *Corpus Reformatorum*, vol. 29 (Brunsvigae: apud C. A. schwetschke et filium, 1863), 198.

에는 커다란 차이가 있다.[42]

칼빈의 이러한 언급은, 성경이 우리에게 의무를 지워주지 않은 '아디아포라'에 대해 인간 스스로 규율을 만들어 멍에처럼 지고 그것을 감당하지 못했다는 양심의 가책을 느끼는 것은 그리스도 안에서 우리에게 주어진 자유에 대한 자의적 속박이라는 의미를 담고 있습니다. 이러한 자의적 속박에 사로잡히는 것은 자의적 규율을 지키고 스스로 자기 의에 빠지는 것만큼이나 복음의 은혜와 자유에서 멀어지는 것이라고 칼빈은 생각했습니다.

그래서 칼빈은 '아디아포라'의 문제를 다룰 때 자의적인 태도로 율법주의에 빠지는 것과 그에 대한 질서를 세워주는 교회의 권위 자체를 제거해버리려 하는 방종주의 사이에서 중도적 입장을 취할 수 있는 세 가지 원칙을 제시하였습니다. 고어(R. J. Gore)는 칼빈이 『기독교강요』에서 상세하게 진술한 내용들의 핵심을 다음과 같이 간단하게 요약하였습니다.

"첫째로, 주님만이 구원에 필요한 모든 문제를 이미 모두 계시해주셨다. …… 둘째로, 하나님은 예배의 모든 국면에 대한 정확하고도 상세한 기술(記述)을 주신 것이 아니다. …… 셋째

---

[42] John Calvin, *Institutes of the Christian Religion*, vol. 2, trans. Henry Beveridge (Grand Rapids: Eerdmans Publishing Company, 1981), 429.

로, 새로운 실천들을 발전시키고 오래된 실천들을 폐지하는 일에는 세심함(sensitivity)이 요구된다."[43]

칼빈에 따르면 안식일 준수에서 안식의 실천은, 신약 시대에 있어서 주일이라는 한 날에만 이루어져야 할 것이 아니라 우리의 일생 모든 삶의 과정 속에서 지속되어야 하는 것이었습니다. 그리고 그 안식이 우리의 모든 삶의 과정 속에 지속되는 비결은 우리 안에서 하나님이 일하시는 것이었습니다.

그는 비록 구약의 안식일이 폐지되기는 하였으나, 거기로부터 추출되는 원리는 신약시대의 그리스도인들에게도 여전히 지켜야 할 것들을 발견할 수 있게 해준다고 보았습니다. 그렇게 발견된 신약시대에까지 이어져야 할 안식의 전통은 다음의 두 가지로 요약됩니다. 첫째로는, 정해진 날에 성도들이 함께 모여 말씀을 들어야 하며 성찬의 떡을 떼며 공적으로 기도하여야 하는 것입니다. 둘째로는, 노동에서 자유로워져서 하루를 쉬어야 하는 것인데, 여기에는 자신뿐만 아니라 식솔, 수하의 종들과 일꾼들까지 포함됩니다.[44]

---

43) John Calvin, *Institutes of the Christian Religion*, vol. 2, trans. Henry Beveridge (Grand Rapids: Eerdmans Publishing Company, 1981), 435~436; R. J. Gore, "Reviewing the Puritan Regulative Principle, part II," *Presbyterion*, vol. 21, no. 1 (Spring 1995), 44.
44) John Calvin, *Institutes of the Christian Religion*, vol. 1, trans. Henry

주일성수에 대한 칼빈의 이러한 견해는 1542년에 작성된
『제네바교회 신앙문답서』(Catechism of the Church of Geneva)에도
잘 나타나 있습니다.[45]

> **문** 그렇다면, 하나님은 우리에게 일곱 날 중에서 하루는 모든 일을 금하셨습니까?
>
> **답** 이 계명에는 특별히 고려되어야 할 것이 있습니다. 제 칠일 안식일을 지키는 일은 옛 율법의식의 일부인데 주 예수 그리스도께서 오심으로써 그것은 폐지되었기 때문입니다(168).
>
> **문** 영적 안식이 무엇입니까?
>
> **답** 그것은 하나님이 우리 속에서 영적으로 역사하시기 위하여 우리 자신의 육신의 일을 쉬게 하시는 것입니다(172).

이 두 개의 문답에서 칼빈은 신약의 그리스도인들이 주일에 노동을 금하는 것은 안식일에 주신 노동금지 명령에 의한 것이 아님을 분명히 하였습니다. 그 명령은 그리스도가 오심으로 폐지된 제사에 관한 율법이라고 보았기 때문입니다. 그러나 신약의 주일에도 신자는 노동을 중지하고 휴식을 취하여야 하는데, 이는 율법에 정한 안식일의 노동금지 명령 때문이 아

Beveridge (Grand Rapids: Eerdmans Publishing Company, 1981), 341.
45) 요한 칼빈, 『제네바교회 신앙문답서』, 조석만 역 (시흥: 지민, 2010), 55~56.

니라 그날을 육체의 쉼 속에서 주님께서 우리 안에서 충분히 역사하실 수 있는 날로 삼기 위함이었습니다. 노동에서 해방된 가운데 말씀과 은혜, 성도의 교제와 같은 영혼의 필요를 채우는 일에 성도의 마음과 뜻이 더욱더 집중되게 하기 위함이었던 것입니다.

제네바교회 신앙문답서(1545년판)

그러나 구약의 안식일이 폐지되었다고 선언한 종교개혁자들과 달리 청교도들은 구약의 안식일 준수 규례들 중 어떤 것들은 상징적이고 일시적인 것으로 보면서도 일주일 중 하루를 하나님께 예배하기 위한 날로 정하고 안식하는 원칙은 인간이 이 세상에 존재하는 한 계속 유효하다고 주장하였습니다. 조나단 에드워즈는 주일은 안식일이 본래 의도했던 목적과 내용이 완성되는 날이라고 설명하며, 성경이 구약시대에 안식일 제도를 통해 옛 창조를 기념하기를 명했다면 이제 신약시대에는 주일 제도를 통해 새 창조를 기념하기를 명하고 있다고 말했습니다.

우리는 성경에서 두 개의 창조를 볼 수 있는데, 하나는 옛 창조이고, 또 다른 하나는 새 창조이다. 옛 창조에 속한 자들에게 힘을 발휘했던 것처럼 제4계명은 새 창조에 속한 자들에게도 동일한 힘을 발휘하고 있다고 생각해야 한다. …… 제4계명은 또한 하나님께서 옛 창조 사역에서 쉬셨던 것처럼 새 창조 사역에서도 쉬셨음을 가르쳐주고 있다. 왜냐하면 성경은 분명히 옛 창조와 새 창조를 나란히 두고 이야기하고 있기 때문이다. 다시 말하자면 그리스도께서 구속 사역에서 안식하셨던 것과 하나님께서 창조 사역에서 안식하셨던 것을 대등한 것으로 두고 있다는 말이다. 히브리서 4장 10절은 이렇게 증거한다.

"이미 그의 안식에 들어간 자는 하나님이 자기의 일을 쉬심과 같이 그도 자기의 일을 쉬느니라"[46]

●● '그날'에 대한 해석

둘째로, '그날'에 대한 해석입니다.

청교도들은 구약시대의 안식일이 한 주간의 마지막 날이라

---

46) Jonathan Edwards, "The Perpetuity and Change of the Sabbath," in *The Works of Jonathan Edwards,* vol. 17, ed by Wilson H. Kimnach (New Haven: Yale University Press, 1999), 233~234.

고 보았고, 신약시대의 주일이 한 주간의 첫째 날이라는 사실을 강조함으로써 안식일과 주일로서의 계기적인 '그날'을 매우 강조하였습니다.

청교도 신학자 리처드 백스터(Richard Baxter, 1615~1691)는 사도들이 공교회의 총회에서 실제로 한 주간의 첫날을 떼어 거룩한 예배를 위한 날로 지정했다고 주장합니다.[47] 그러나 칼빈을 비롯한 종교개혁자들은 안식일과 주일에 대해 가르치면서, 한 주간의 끝과 시작으로서의 계기적인 '그날'을 강조하지 않았습니다. 마틴 루터 역시 주일이 계기적으로 '그날'에 속한 문제가 아니라고 분명히 하였습니다.

> 그러나 그리스도, 우리 주께서 오셨다는 것과 새로운 왕국이 열렸음을 전 세계 도처에 알리게 되었기 때문에 우리 그리스도인들은 더 이상 이러한 외적이고 특정한 행동을 하지 않아도 되며, 안식일 또는 일요일이 기쁘지 않다면 주중의 월요일 또는 다른 날을 취하여 그 주의 일요일로 삼을 자유가 있다.[48]

---

47) Richard Baxter, *The Practical Works of Richard Baxter*, vol. 3, *The Divine Appointment of the Lord's Day Proved* (Morgan: Soli Deo Gloria Publications, 2000), 882~883.

48) Martin Luther, *Luther's Works*, vol. 51, *Sermons I*, ed. and trans. John W. Doberstein (Philadelphia: Fortress Press, 1980), 336.

또한 루터는 신약시대의 주일은 구약시대의 안식일의 관습으로 지켜져서는 안 된다는 신학적 입장을 분명히 하였습니다. 그는 『창세기 강의』(*Lectures on Genesis*)에서 다음과 같이 지적하였습니다.

> 우리 시대에 모라비아에 어리석은 무리들이 일어났는데 그들은 유대인의 관습을 따라 안식일이 지켜져야 한다고 주장하던 안식일주의자들이었다. 아마도 그들은 같은 이유로 할례도 고수하려 할 것이다.[49]

신약의 주일이 구약의 안식일과 신학적으로 다른 날이라는 루터의 입장은 명백합니다. 만약 여전히 안식일을 지켜야 한다고 고집한다면 그것은 할례를 포함한 구약의 모든 의식법(儀式法)들이 그리스도 안에서 성취되었음을 사실상 부인하는 것이라고 보았습니다. 그래서 그는 모라비아파 사람들과 같이 율법과 복음, 그리스도를 통한 구속의 예표와 성취에 대해 잘못된 신학적 이해를 가지고 있는 사람들을 비난하였습니다.[50]

---

49) Martin Luther, *Luther's Works*, vol. 2, *Lectures on Genesis Chapter 6~14*, ed. Jaroslav Pellikan (Saint Louis: Concordia Publishing House, 1960), 361
50) Martin Luther, *Luther's Works*, vol. 2, *Lectures on Genesis Chapter 6-14*,

구약시대의 유대인들이 안식일을 지킬 때에는 특정한 순서로서의 날을 중시했으나, 신약시대 그리스도인들이 주일을 지킬 때에는 한 주간의 계기적 순서로서의 특정한 날에 대한 집착으로 지키는 것이 아니었습니다. 루터는 어차피 안식일 제도의 의식적인 성격이 그리스도 안에서 폐지되었기 때문에, 안식일의 영속적이고 신학적인 의미가 중요한 것이지 '그날'이 한 주간의 몇 번째 날인가 하는 것은 중요하지 않다고 보았습니다. 이에 대해 루터는 『대요리문답』에서 다음과 같이 말합니다.[51]

> 그런데 이것은, 유대인들 사이에서 그랬던 것처럼 정확히 이 날 또는 저 날이어야 하기 위해서 특정한 시간에 제한되는 것이 아니다. 그 어떤 날도 그 자체로 다른 날보다 나은 것이 아니기 때문이다. 실제로 예배는 매일 이루어져야 한다. 하지만 이것은 일반 사람들이 행할 수 있는 정도가 아니기 때문에 일주일에 적어도 하루를 따로 떼어놓아야 한다. 일요일은 이러한 목적으로 고대시대부터 지정되어 왔기 때문에 바꾸어서는

---

ed. Jaroslav Pellikan (Saint Louis: Concordia Publishing House, 1960), 361~362.
51) Martin Luther, *The Book of Concord, The Large Catechism of Dr. Martin Luther*, eds. Robert Kolb, Timothy J. Wengert, (Minneapolis: Fortress Press, 2000), 398.

안 된다. 이렇게 함으로써 사물들이 질서 있는 방식으로 행해질 수 있고, 또 그 누구도 불필요한 혁신으로 무질서를 일으키지 않도록 하기 위함이다.(The Large Catechism 1. 85)

루터는 우리가 특별히 하나님을 예배하고 영혼의 신령한 유익을 얻기 위하여 한 주간에서 하루를 따로 떼어놓아야 하고, 이것이 이미 고대부터 주일을 지키는 전통으로 확립되어 있으니 그것을 따라야 한다고 주장했지만, 그날이 다른 어떤 날보다 더 나은 날이거나 계기적인 의미를 가진 날이기 때문에 거룩하게 지키는 것이 아님을 분명하게 말했습니다. 주일성수에서 '그날'에 대한 루터의 이러한 입장은 보캄(R. J. Bauckham)에 의해서도 반복되어 주장됩니다.

> 종교개혁 신학자들인 츠빙글리, 마틴 부처, 피터 마터에게서 우리는 일반적인 종교개혁 입장이 되는 것들을 발견한다. 그것은 하나님의 율법은 예배를 위한 안식으로서 매주의 날을 요구하지만 어떤 특정한 날을 요구하는 것은 아니다.[52]

---

52) 여기서 '피터 마터'는 이탈리아 출신의 종교개혁자 '피터 마터 버미글리'(Peter Martyr Vermigli, 1499~1562)를 가리킨다. 그는 회심한 후 가톨릭에서 개종하였으며, 고국에서의 박해를 피하여 주로 외국에서 활동하였다. 토마스 크랜머의 초청으로 영국으로 건너가서 그곳의 종교개혁에 동참하였으며, 옥스퍼드의 교수를 지냈다. 메리 여왕의 등극 후 영국을 떠나 스트라스부르, 취리히 등

안식일이나 주일이 계기적으로 한 주간의 어느 날인지를 확정하는 것에 집착하게 된다면, 성경적으로 자연과학적으로 여러 가지 의문들이 제기될 수 있습니다. 성경에 나타난 창조 기사를 봅시다. 창세기 1장에서 "저녁이 되고 아침이 되니……" (창 1:5, 8, 13, 19, 23, 31)로 반복되는 '그날'은, 만약 계량적으로 본다면 분명히 24시간의 하루가 아닙니다.

피터 마터 버미글리(1499~1562)

여기서 하나님의 6일 창조 사역에 등장하는 '날'(יום)의 개념이 에드워즈 영(Edward J. Young, 1907~1968)이 주장하는 바와 같이 문자적 24시간인 하루를 의미하는지, 또는 그의 스승인 오스왈드 앨리스(Oswald T. Allis, 1880~1973)나 제자인 글리슨 아처(Gleason L. Archer, Jr., 1916~2004)가 주장하는 바와 같이 시대를 의미하는지를 논의하는 것은 이 책의 의도를 벗어나는 것입니다. 다만 확실한 사실은 창조기사를 보도하고 있는 창세

에서 활동하였으며, 칼빈과 깊은 교분을 가졌던 인물이다. R. J. Bauckham, "Sabbath and Sunday in the Protestant Tradition," in *From Sabbath to Lord's Day*, ed. D. A. Carson (Eugene: Wipf and Stock Publishers, 1982), 318.

기 1장에서 언급된 '날'을 과학적 계량성으로만 산정할 수는 없다는 것입니다.[53]

제7일에 하나님께서 쉬셨다고 할 때 그 쉬신 날, 곧 히브리 성경에 분명히 '욤'(יוֹם)이라고 되어 있는 그 '날'은 첫째 날부터 여섯째 날들을 가리키는 것과 동일한 '날'입니다. 그러면 창조하신 6일 동안의 '날'의 길이는 안식하신 제7일의 '날'의 길이와 같은 것일까요?

이러한 의문은 자연과학에서도 동일하게 제기될 수 있습니다. 하나님이 천지를 창조하실 때 제일 먼저 빛을 창조하셨고, 그 빛에 의하여 밤과 낮이 구별되다가 제4일에 발광체를 창조하심으로 태양에 의해 낮과 밤이 구분되었습니다(창 1:14). 그렇다면 지구의 한쪽이 낮이었을 때 반대쪽은 밤인데, 하루의 시작과 끝은 밤이 먼저입니까 낮이 먼저입니까? 그리고 그 기준점은 정확히 어느 지역입니까? 한 주간의 끝은 어느 지역을 기준으로 한 것입니까?

날짜의 개념을 확정하는 것과 관련해도 이런 질문이 제기

---

53) 창세기 1:5 하반절의 히브리어 원문은 다음과 같다. "그리고 한 저녁이 되었다. 그리고 또 한 아침이 되었는데 첫째 날이었다."(וַיְהִי־עֶרֶב וַיְהִי־בֹקֶר יוֹם אֶחָד) 이 후에 나오는 엿새를 묘사하는 데도 똑같은 표현을 사용한다. 그리고 천지창조 후 하나님이 안식하신 것을 묘사한 구절, "일곱째 날에 안식하시니라"(창 2:2)에 나온 '날'도 앞의 6일 창조의 보도에서 사용한 단어와 똑같은 '욤'(יוֹם)을 사용했다.

됩니다. 북극이나 남극의 6개월씩 백야가 계속되는 지역은 시계가 없던 그 시절, 날짜 개념을 어떻게 확정할 수 있을까요? 날짜선을 기준으로 이동하여 안식일이나 주일을 못 만나서 못 지키는 것은 우리가 율법적으로 어떻게 판단해야 할까요?

그러므로 안식일과 주일의 의미를 확정할 때 한 주간의 계기적인 '그날'에 대한 청교도의 집착은 종교개혁자들의 표준적 가르침과는 차이를 보입니다. 칼빈은 비록 구약의 안식일 제도에만 있는 영속적인 의미를 논증하였지만, 주일로서의 '그날'을 한 주간의 계기적 순서에 집착하는 '날'로 정하는 것에는 반대하였습니다. 오히려 그는 주일 제도의 필요성에 대한 이러한 집착을 경고하고 있습니다. 이에 대해 칼빈은 『기독교강요』(*Institutes of the Christian Religion*)에서 다음과 같이 말합니다.

> 초대교회 그리스도인들이 안식일을 주일이라고 부르는 날로 대체한 것은 아무런 이유가 없이 그리한 것이 아니었다. 고대의 안식일이 예표하는 참된 안식은 우리 주님의 부활에서 성취되었고 그날을 바라본 예표들은 폐지되었기에, 주일은 그림자와 같은 예식에 집착하지 말라는 경고를 그리스도인들에게 주었다. 그렇다고 해서 내가 일곱이라는 숫자를 고수하여 교회를 거기에 묶어두려고 하는 것은 아니다. 만일 미신만 없다

면 다른 경건한 날에 교회들이 모임을 가진다고 할지라도 나는 그들을 정죄하지 않을 것이다. 교회들이 단지 훈련과 정한 질서를 준수하고자 이런 날들을 지키기로 결정하였다면 그것은 허용할 수 있을 것이다.[54]

칼빈은 또한 구약의 안식일과 마찬가지로 신약의 주일도 거룩한 날임을 강조했습니다. 그러나 그는 주일이 거룩한 것은 한 주간의 첫 번째 날이라는 계기적인 순서의 성격 때문이 아니라 그날의 중심이신 그리스도와 그의 구속사건 때문이라고 보았습니다.

이러한 그의 생각은 '안식일-주일'을 '형상-실체'라고 주장한 것에서도 잘 나타납니다. 그는 구약의 안식일을 형상으로, 신약의 주일을 실체로 보았습니다. 이러한 관점은 구약의 안식일이 갖는 신학적인 의미가 신약의 주일에서 성취되었다고 보는 청교도들의 견해와는 분명한 대조를 이룹니다. 이에 대해 칼빈은 다음과 같이 말합니다.

"그것은 형상이 아직도 그 힘을 발휘하고 있기 때문이 아니라 우리에게는 진리(형상의 실체)가 있기 때문이다."[55]

---

54) John Calvin, *Institutes of the Christian Religion*, vol. 1, trans. Henry Beveridge (Grand Rapids: Eerdmans Publishing Company, 1981), 343.
55) John Calvin, *Sermons on Deuteronomy* (Edinburgh: The Banner of Truth

성경은 안식일과 주일의 '그날 됨'이 어떻게 이해되어야 할지에 대해 다음과 같이 말합니다.

"그러므로 먹고 마시는 것과 절기나 초하루나 안식일을 이유로 누구든지 너희를 비판하지 못하게 하라 이것들은 장래 일의 그림자이나 몸은 그리스도의 것이니라"(골 2:16~17).

이 말의 의미는 골로새 교인들이 '절기나 초하루나 안식일을' 당시 유대인들처럼 잘 지켜서 그들로부터 비난을 받지 않도록 조심하라는 뜻이 아닙니다.

이러한 사실은 사도 바울이 바로 앞에서 말한 문맥에서도 잘 드러납니다.

"우리를 거스르고 불리하게 하는 법조문으로 쓴 증서를 지우시고 제하여 버리사 십자가에 못 박으시고 통치자들과 권세들을 무력화하여 드러내어 구경거리로 삼으시고 십자가로 그들을 이기셨느니라"(골 2:14~15).

다시 말해서 '절기나 초하루나 안식일을 지키는 것'은 의식(儀式)의 율법에 속하는 것인데 이는 그리스도의 구속사역을 통하여 폐지되었기 때문에, 그리스도인들이 그것들을 지키지 않는 것 때문에 비난 받을 필요가 없다는 의미입니다.

또한 날에 대한 태도에 대해서도 말합니다.

Trust, 1987), 202.

"어떤 사람은 이 날을 저 날보다 낫게 여기고 어떤 사람은 모든 날을 같게 여기나니 각각 자기 마음으로 확정할지니라"(롬 14:5).

이 말씀은 당시 교회 안에도 '날'에 대하여 여러 견해를 가진 신자들이 있었음을 보여줍니다. '이 날이 저 날보다 낫다'고 생각하는 사람들도 있었고, '모든 날을 같게 여기는' 사람들도 있었습니다.

이런 문제에 대해 서로 다른 생각을 가진 사람들은 그리스도 안에서 형제들이었습니다. 그들의 차이는 믿음의 강함과 연약함의 차이일 뿐이었습니다. 그래서 사도 바울은 다음과 같이 충고하였습니다.

"믿음이 연약한 자를 너희가 받되 그의 의견을 비판하지 말라 어떤 사람은 모든 것을 먹을 만한 믿음이 있고 믿음이 연약한 자는 채소만 먹느니라 먹는 자는 먹지 않는 자를 업신여기지 말고 먹지 않는 자는 먹는 자를 비판하지 말라 이는 하나님이 그를 받으셨음이라"(롬 14:1~3).

구약의 안식일은 6일 창조 후의 하나님의 안식을, 주일은 그리스도의 부활을 기념하지만 그것은 계기적으로 한 주간의 나중과 처음을 완벽하게 확정하기 어렵습니다. 따라서 주일성수는 계기적인 '그날'이라기보다는 오히려 교회의 결정에 의해 '정해진' 한 주일의 한 날을 거룩히 지키는 것이라고 보아야 합니다. 만약 주일로 지키는 날을 개인이나 개교회가 함부로 결정하고 바꿀 수 있게 한다면 혼란과 무질서가 뒤따를 것이기 때문에, 하나님의 섭리와 공교회의 결정을 따라 역사적으로 지켜온 날을 '그날'로 삼을 뿐입니다.

●● 두 가지 차원의 안식

셋째로 육체의 안식과 영혼의 안식의 균형 문제입니다.

청교도들은 주일을 안식일의 완성으로 보면서, 주일성수를 말할 때 육체의 안식을 강조하였습니다. 다시 말해서 구약성경에 기록된 노동에서 휴식하도록 되어 있는 안식일의 규정을 상당 부분 신약시대의 주일성수에 적용하였습니다.

신약성경에서 '안식'을 의미하는 대표적인 두 단어가 있는데, '삽바티스모스'(σαββατισμός)와 '카타파우시스'(κατάπαυσις)입니다. '삽바티스모스'는 원래 '유대인이 전통적으로 지켜오던 안식일의 의미를 따라 형태 지어진 하나님의 백성들을 위한 안식의 특별한 시기'를 의미하는 말로서 '육체를 쉼으로써 누리는 안식'입니다(히 4:9). '카타파우시스'도 '일이나 활동이 중지된 상태, 휴식의 장소' 등을 의미하지만, 히브리서에서는 여기에 '영적인 안식'이라는 의미를 첨가하여 말합니다(히 3:11, 18,

4:1, 3, 5, 10).[56]

루터와 칼빈을 비롯한 종교개혁자들의 주일성수 개념도 노동에서의 쉼을 포함하고 있습니다. 그러나 그것은 구약의 안식일 제도와 상관없이, 주일에 하나님께 온전히 예배함으로써 말씀을 듣고 은혜를 누리기 위한 것이 주된 목적이었습니다. 신자의 삶은 늘 하나님께 예배하는 삶이어야 하지만, 어쩔 수 없는 인간의 연약함과 사회 구조적인 제약으로 인해 실제로 인간이 1년 365일 예배의 규례를 엄수하며 살아가는 것은 불가능합니다. 그래서 종교개혁자들은 한 주간 중 '그날'을 따로 떼어놓고, 육체와 정신이 6일 동안의 노동에서 해방되어 하나님만을 앙망함으로써 육체의 쉼과 함께 영혼의 안식을 얻게 하였습니다.

이에 비하여 청교도들은, 하나님께서 구약의 안식일에 이스라엘 백성들을 모든 노동에서 쉬도록 명령하신 데에는 온 인류에 대한 자연법적 질서에 대한 신적 의지가 담겨 있다고 보았습니다. 그리고 안식일에 담긴 인류 복지와 행복에 대한 하나님의 이러한 배려는 신약시대의 주일에도 계승되어야 한다

---

56) Gerhard Kittel, Gerhard Friedrich eds., *Theological Dictionary of the New Testament*, vol. VII (Grand Rapids: WM. B. Eerdmans Publishing Company), 34, 35; Frederick William Danker rev. and ed., *A Greek-English Lexicon of the New Testament and other Early Christian Literature*, 3rd ed. (Chicago: The University of Chicago Press, 2000), 523~524.

고 보았습니다. 그 결과 청교도들의 주일성수 개념은 그들이 육체의 노동을 쉬고 하나님께 온전히 예배함으로써 받는 영혼의 유익을 종교개혁자들보다 덜 강조한 것이 아니었음에도 불구하고, 앞에서 언급한 자연법적 질서에 대한 강조 때문에 어쩔 수 없이 구약의 안식일 제도에서의 육체적 쉼을 더욱 강조하고 있는 것처럼 보이게 되었습니다.

그런데 주일성수와 관련하여 청교도들이 이처럼 육체의 쉼을 강조하게 된 것은 종교적 상황뿐만이 아니라 당시 사회적 상황과도 밀접한 연관이 있습니다.

당시 영국은 꾸준히 인구가 증가하고 있었습니다. 17세기 중엽 영국의 총 인구는 약 600만 명에서 770만 명으로 추산됩니다. 식량 생산량을 앞지르는 인구 증가율로 인해 곡

영국 산업혁명

물 가격이 치솟았으며, 농촌의 잉여 노동력의 도시 유입으로 실업이 만연해졌습니다. 여전히 영국의 주된 산업은 농업이었지만, 계절적으로 남아도는 농촌의 노동력으로 인해 촌락 공동체에서 가내 수공업이 발달하기 시작했습니다. 도시뿐 아니라 농촌에도 공장노동자가 나타나기 시작한 것입니다. 그러나 당시 높은 곡물 가격과 전쟁, 대외무역에서의 극심한 가격 경쟁으로 인해 노동자의 삶의 질은 매우 떨어져 있었습니다.[57]

이러한 상황에서 청교도들은 주일성수를 말할 때 모든 노동에서의 육체적 휴식을 강조함으로써 고용주의 입장에 있던 그리스도인들로 하여금 노동자들의 주일 근무를 폐지하게 하였습니다. 이로 말미암아 주일성수는 피고용인들의 노동 여건 향상과 근로복지에 이바지하는 결과를 낳았습니다. 주일을 구약의 안식일처럼 준수하는 청교도들의 주일성수 방식에 대해서 영국의 역사가 크리스토퍼 힐(Christopher Hill)이, 리처드 백스터의 표현을 빌려 "안식일에도 노동자들에게 일을 강요하여 하나님께 예배드리지 못하게 하는 고용주 밑에서 구제할 길이 없이 방치된" 노동자들을 보호했다고 평가한 것은 바로 이러

---

[57] 케네스 O. 모건, 『옥스퍼드 영국사』, 영국사연구회 역, (서울: 도서출판 한울, 1994), 318-320; 이영석, 『공장의 역사: 근대영국사회와 생산, 언어, 정치』(서울: 도서출판 푸른역사, 2012) 32~38을 참고할 것.

한 이유 때문이었습니다.[58]

17세기에 백스터가 목회하던 키더민스터는 공업과 무역의 중심지로서 노동자들에 대한 착취가 특히 더 심한 곳이었습니다. 이런 상황에서 '주일 완전 휴무와 시장 통행금지'라는 청교도들의 주일성수의 전통은 영국의 국민 복지에 이바지한 측면이 분명 있습니다.[59]

그러나 청교도들의 주일성수 방식은 칼빈이 강조한 그리스도를 통한 구속으로 말미암는 영적 휴식이라는 구속적이고 특별 은총적인 요소와, 육체의 쉼이라는 자연법적이고 일반 은총적인 요소 사이에서 다소 균형을 잃은 것이라고 할 수 있습니다.

구약의 안식일 제도는 기본적으로는 6일 동안 천지를 창조하신 후 하나님께서 일곱째 날에 안식하신 것을 기념하는 것입니다. 이스라엘 백성들에게 안식일 준수를 강조한 신적 명령은 십계명인데, 이 십계명의 반포를 모세오경은 두 번 반복하여 기술합니다. 바로 출애굽기 20장과 신명기 5장에서입

---

58) Christopher Hill, *Society & Puritanism in Pre-Revolutionary England* (London: Mercury Books, 1966), 166(151~153을 참고할 것); Leland Ryken, *Worldly Saints: The Puritans As They Really Were* (Grand Rapids: Academic Books, 1990), 130에서 재인용.
59) Leland Ryken, *Worldly Saints: The Puritans As They Really Were* (Grand Rapids: Academic Books, 1990), 130.

니다. 안식일을 거룩히 지키라는 명령은 십계명 중 제4계명인데, 그것을 지키는 동기가 두 본문에 서로 다르게 나타나고 있습니다.[60]

이는 엿새 동안에 나 여호와가 하늘과 땅과 바다와 그 가운데 모든 것을 만들고 일곱째 날에 쉬었음이라 그러므로 나 여호와가 안식일을 복되게 하여 그날을 거룩하게 하였느니라(출 20:11).

너는 기억하라 네가 애굽 땅에서 종이 되었더니 네 하나님 여호와가 강한 손과 편 팔로 거기서 너를 인도하여 내었나니 그러므로 네 하나님 여호와가 네게 명령하여 안식일을 지키라 하느니라(신 5:15).

---

60) 먼저 출 20:11에서는 이스라엘 백성들이 안식일을 지켜야 할 이유가 이중적으로 제시되는데, 이는 창조와 휴식, 그리고 축복과 거룩함이다. (1) 창조와 휴식을 구별의 근거로 삼으심: "일곱째 날에 쉬었음이라"(וַיָּנַח בַּיּוֹם הַשְּׁבִיעִי). (2) 축복과 거룩함으로써 하나님께서 그날을 구별하심: "안식일을 복되게 하여 그날을 거룩하게 하였느니라."(עַל־כֵּן בֵּרַךְ יְהוָה אֶת־יוֹם הַשַּׁבָּת וַיְקַדְּשֵׁהוּ). 이를 직역하면, "그래서 안식일을 축복하여 그것을 거룩하게 하였다"이다. 그런데, 신 5:15에서는 안식일 준수의 근거와 이유가 구속과 해방, 그리고 여호와의 명령으로서 제시된다. (1) 구속과 해방을 안식일 준수 명령의 근거로 삼으심: "네가 애굽 땅에서 종이 되었더니 …… 거기서 너를 인도하여 내었나니"(עֶבֶד הָיִיתָ בְּאֶרֶץ מִצְרַיִם וַיֹּצִאֲךָ יְהוָה אֱלֹהֶיךָ מִשָּׁם). 이를 직역하면, "네가 애굽 땅에서 종이었는데 네 하나님 여호와께서 너를 거기에서 나오게 하셨다"이다. (2) 안식일을 지켜야 할 이유: "네 하나님 여호와가 네게 명령하여 안식일을 지키라 하느니라."(צִוְּךָ יְהוָה אֱלֹהֶיךָ לַעֲשׂוֹת אֶת־יוֹם הַשַּׁבָּת). 이를 직역하면, "너의 하나님 여호와께서 안식일을 행하도록 네게 명령하였다"이다.

출애굽기와 신명기 서술의 중요한 차이점은 두 가지입니다. 첫째는 신명기의 본문이 출애굽기에 비해 안식일을 거룩하게 지키는 것에 대한 더 상세한 규칙을 담고 있다는 것이고, 둘째는 안식일을 거룩하게 지키는 동기가 출애굽기에서는 창조 사역 후 하나님이 '안식'하신 것을 기리는 것인데 비해, 신명기에서는 하나님께서 이스라엘 백성들을 애굽 땅 종 되었던 곳에서 '인도'하여 내신 것을 기리는 것이라는 사실입니다. 다시 말해서 이스라엘 백성들이 안식일을 지키는 신학적 동기가 '하나님의 안식'에서 '하나님의 구속'으로 그 축(軸)이 이동을 한 것입니다.[61]

이것은 십계명의 신학적인 의미가 구약 안에서도 구속사의 전개에 따른 구원계시의 점진적 발전과 함께 '**삽바티스모스**'에서 '**카타파우시스**'의 안식으로 이행하고 있음을 보여줍니다.[62]

---

61) 물론 출애굽기 20장의 십계명과 신명기 5장의 십계명 모두 서언에서 동일한 내용의 하나님의 자기 계시를 담고 있는데, 그것은 이스라엘을 애굽의 노예 상태에서 구원하신 것이다. 그래서 십계명의 서문에서 도입한 역사적 서언에서는 공통적으로 다음과 같은 말씀이 제시된다. "나는 너를 애굽 땅, 종 되었던 집에서 인도하여 낸 네 하나님 여호와니라"(출 20:2, 신 5:6). 그러나 일곱 번째 계명에서는 출애굽기의 본문이 "일곱째 날에 쉬었음이라"고 말함으로써, '안식'을 강조하고 있다면, 신명기 본문은 "거기서 너를 인도하여 내었나니"라고 말함으로써 '구속'을 강조한 것은 지나칠 수 없는 차이점이다.

62) Gerhard von Rad, *Deuteronomy* (London: SCM Press Ltd., 1979), 57~58; John I. Durham, *Exodus*, in *Word Biblical Commentary* (Waco: Word Books, 1987), 290를 참고할 것.

주일은 궁극적으로 하늘나라에서 완전히 누리게 될 안식의 두 국면인 '삽바티스모스'와 '카타파우시스'를, 비록 완전성 면에서 영원한 안식에 비할 수 없지만 균형 있게 누림으로써, 현실에서 만나는 다양한 삶의 사태들을 극복하고 영원한 하늘나라를 소망하며 살 수 있게 하는 힘을 얻는 날입니다.

인간에게 부여된 하나님의 형상은 인간의 영혼과 육체를 모두 아우르는 것으로서 인간의 존엄과 가치의 근거가 되기 때문에, 두 가지의 안식은 인간에게 모두 필요합니다. 그러므로 주일성수에서 '삽바티스모스'와 '카타파우시스'는 함께 강조되어야 합니다.

칼빈은 『신명기 설교』에서 율법의 그림자에 의해 구속받을 필요가 없는 신약의 신자들이 구약의 안식일 제도를 연상시키는 주일성수의 의무를 지켜야 하는 이유를 다음과 같이 정리하였습니다.

첫째로는 연약한 우리를 훈련시키시기 위함입니다. 주일을 지킴으로써 우리는 하나님을 경배하고 신앙을 고백하도록 훈련받습니다.[63] 이는 우리가 비록 하나님의 자녀라고 할지라도 이 세상에서 믿음을 지키며 사는 것이 쉽지 않기 때문에, 우리의 신앙을 북돋우고 경건하게 살도록 훈련시키시는 것입니다.

---

63) John Calvin, *Sermons on Deuteronomy* (Edinburgh: The Banner of Truth Trust, 1987), 203.

둘째로는 하나님의 백성으로서 이방 백성들과 구별된 거룩한 삶을 살게 하시기 위함입니다. 칼빈은, 주일제도는 거룩한 방식의 삶의 온전한 실천, 세상살이에 대한 사랑과 욕망으로부터의 쉼, 하나님께 대한 자기 봉헌의 실천을 위해서 꼭 필요하다고 보았습니다. 이에 대해 그는 다음과 같이 말합니다.

> 하나님이 한 주 가운데 하루를 안식일로 정하신 이유는 하나님께 신실한 자들이 거룩한 방식으로 사는 것이 반드시 필요하며, 그들이 모든 사랑과 욕망에서 안식해야 하며, 또한 하나님이 그들 안에서 전적으로 일하셔야 한다는 것을 깨우치기 위함이다.[64]

셋째로는 하나님께 대한 자기 봉헌의 삶을 가르치시기 위함입니다. 이는 하나님께서 다른 신앙을 가진 이방인들에게도 안식일을 지키게 하신 사실에서도 나타납니다. 이에 대해 칼빈은 다음과 같이 말합니다.

> 하나님께서 이스라엘 백성들과 함께 살고 있던 이방인들에게도 안식일을 지키도록 명하신 것은 이방인들을 위한 것이 아

---

64) John Calvin, *Sermons on Deuteronomy* (Edinburgh: The Banner of Truth Trust, 1987), 208.

니다. 그것은 다만 하나님의 백성들을 타락시켜 하나님께 드리는 경배를 더럽힐지도 모를 일체의 행위를 줄여서 하나님이 그의 종 아브라함에게 기업으로 주신 그 땅이 하나님께 온전히 바쳐지게 하기 위함이다.[65]

하나님께서 이스라엘 백성들에게 안식일을 주신 것은 이러한 자기 봉헌적인 삶의 의지를 회복하고, 엿새 동안 그렇게 살아야 할 자신들의 본분을 확인하고, 실로 그런 삶을 영위해 나갈 수 있는 힘을 얻게 하시기 위해서였습니다.

이러한 칼빈의 고찰을 토대로 생각해볼 때, 칼빈이 말하는 주일성수의 개념은 율법에 규정된 안식일을 지키는 방식으로 주일을 지키는 단편적인 준수가 아니었습니다.

물론 칼빈은 『기독교강요』와 『신명기 설교』 속에서도 실제로 주일날 신자들이 무슨 일을 하고 구체적으로 어떤 일을 행해서는 안 되는지 개별 조항을 서술하지 않았습니다. 이것은 주일성수의 규례를 지나치게 세부적으로 규정한 웨스트민스터 기준문서들이나 이것들을 더욱 상세화하여 가르쳤던 백스터를 비롯한 청교도들과는 분명히 다른 방식입니다.

'종교적 예배와 안식일', '제4계명', '거룩한 날, 주일', '주

---

[65] John Calvin, *Sermons on Deuteronomy* (Edinburgh: The Banner of Truth Trust, 1987), 211.

웨스트민스터 기준문서들(Westminster standards)

일성수', '성일' 등의 주제에 대한 『웨스트민스터 기준문서들』(Westminster standards)의 규정들은 실제로 『제2 스위스 신앙고백』이나 『제네바 신앙문답서』들에서보다 훨씬 구체적이고 상세합니다. 이 주제와 관련하여 『웨스트민스터 신앙고백서』는 두 개의 항목으로 다루고 있지만(21장 7, 8항), 『웨스트민스터 소요리문답』은 여섯 개의 항목으로(문57-62번), 『웨스트민스터 대요리문답』은 일곱 개의 항목에서 다루고 있고(문115-121), 『웨스트민스터 예배모범』에서 또다시 다루고 있습니다(8번).[66] 이에 비해서 『제2 스위스 신앙고백』에서는 주일성수에 대해 '예배에 필요한 시간', '주일'이라는 항목으로 아주 간략하게 다루고 있습니다.

거룩한 날, 금식, 그리고 음식의 선택에 관하여. 예배에 필요한 시간. 비록 신앙이 시간에 매여 있는 것은 아니지만, 시간의 적절한 분배와 정리 없이는 신앙이 길러지고 행사될 수 없다. 그러므로 모든 교회는 공적인 기도를 위해, 복음의 설교를 위해, 그리고 성례의 기념을 위해 특정한 시간을 선택해야 한다. 그리고 누구도 자기 자신의 만족을 위하여 교회가 정한

---

[66] Westminster Assembly, *The Directory for the Publick Worship of God*, in *The Confession of Faith, The Larger and Shorter Catechisms* (Glasgow: Free Presbyterian Publications, 1973), 386.

것을 뒤엎을 수 없다. 적당한 때와 여가가 신앙의 행사를 위해 주어지지 않는다면 의심할 여지없이 사람은 자기 자신의 일에 의해 신앙의 일을 하지 않을 것이기 때문이다. 주일. 그러므로 우리는 고대 교회에서 모임을 위해 정해진 한 주의 특정한 몇 시간뿐만 아니라, 사도시대 이후로 주일 그 자체가 그들을 위해 그리고 거룩한 휴식을 위해 따로 떼어져 있었다. 이제 주일은 바로 예배와 사랑을 위해 우리 교회들에 의해 준수되었다.[67]

칼빈의 『제네바교회 신앙문답서』에는 19개의 항목에서 제4계명과 주일을 언급하고 있지만, 지극히 간략한 문답 형태로 핵심만을 다루고 있습니다. 더욱이 그것들 중 주일성수 규칙과 직접적으로 관련되는 것은 6개의 항목(179-184) 정도에 불과합니다. 그것들 중 몇 개만 인용하면 다음과 같습니다.[68]

> **문** 그렇다면, 그 하루를 지키는 절차는 무엇입니까?
>
> **답** 사람들이 모여 주 예수 그리스도의 말씀, 즉 하나님의 말씀을 들으며, 공동으로 기도하며, 믿음을 고백하며 하나님께 예배하는 것입니다(179).

---

67) Heinrich Bullinger, *The Second Helvetic Confession* (London: Forgotten Books, 2007), 101.
68) 요한 칼빈, 『제네바교회 신앙문답서』, 조석만 역 (시흥: 지민, 2010), 57~58.

> 📖 제4계명은 일하는 자들의 안식을 위해 주어진 것임을 어떻게 이해합니까?
>
> 📖 그것은 하나님께서 다른 사람의 권세 아래에 있는 사람들에게 어느 정도의 휴식이 필요하다는 것과, 휴식의 규례는 일반적으로 통용되는 규례라는 것과, 모든 사람에게 하루의 휴식이 있음으로써 다른 엿새 동안에 일할 수 있게 하는 계명이라고 이해합니다(180).
>
> 📖 그렇다면, 우리에게 무슨 계명이 남아 있습니까?
>
> 📖 그것은 우리가 교회의 영적 질서와 규례를 준수하는 일을 게을리하지 말고, 기뻐하며 모이기를 특별히 힘쓰고, 하나님의 말씀을 들으며, 성례전을 시행하며, 규칙적으로 기도하는 일입니다(183).

『웨스트민스터 기준문서』들을 따랐던 청교도들 중 조지 스윈녹(George Swinnock, 1627~1673)이나 리처드 백스터(Richard Baxter, 1615~1691) 같은 사람들은 아주 상세화된 주일성수의 규칙들을 제시하였습니다.

스윈녹은 '아침부터 밤까지 주일을 거룩하게 지키기 위한 지침'을 상세하게 제시했는데, 주일 전날인 토요일 오후 또는 저녁부터 행동과 마음가짐의 규칙을 제시하고 주일에 평일보다

일찍 일어나라고까지 권면했습니다.[69]

몸이 약하지 않은 한, 평상시보다 주일에 조금 더 일찍 일어나라(지침 2).

옷을 입고 나서 은밀한 기도의 헌신에 방해가 없도록 하라. 기도의 골방에 있을 때 하나님께서 당신의 손에 쥐어주시는 품삯을 생각하라. 주일의 소중함과 의무의 중요성, 그리고 머잖아 매 안식일과 은혜의 때에 대해 당신이 해명해야 할 것을 생각하라(지침 4).

청교도인 리처드 백스터도 '가족들과 주일을 거룩하게 보내기 위한 지침들'(*Directions for the holy spending of the Lord's Day in Families*)이라는 제목 아래 주일성수의 작은 지침들과 그 지침 아래 더 구체적인 실천사항들을 열거하며 아주 상세히 다루고 있습니다. 이러한 상세한 규칙들을 제시하는 것에 대한 반발을 의식한 듯, 그는 이 지침들을 다음과 같은 내용으로 시작합니다.[70]

---

69) George Swinnock, *The Works of George Swinnock*, vol. 1 (Edinburgh: James Nichol, 1868), 250~251.
70) Richard Baxter, *A Christian Directory in The Practical Works of Richard Baxter,* vol 1 (Morgan: Soli Deo Gloria Publications, 2000), 470~472.

저 육적 사람들의 트집에 대항하여 잘 결심하라. 그들은 당신이 주일을 거룩하게 보내는 것은 필요 없는 일이라고 믿게 만들려고 할 것이다(지침 I).

이러한 칼빈과 청교도 사이의 비교 고찰을 통해 제가 말씀드리고자 하는 요점은 이것입니다. 종교개혁자들이나 청교도들이나 구약의 안식일이 강조한 육체의 안식은 주일 안에서 강조되어야 할 영혼의 안식을 바라본 것임에 대해서는 공통적으로 분명하게 인식하고 있었습니다. 다만 강조점이 서로 달랐을 뿐입니다.

구약의 안식일 제도에 하나님을 경배하고 영혼의 유익을 누리는 영적 안식에 대한 신적인 배려가 깃들어 있듯, 신약의 주일 제도에도 육체를 노동으로부터 쉬게 하시려는 육적 안식에 대한 하나님의 배려가 깃들어 있습니다.

주일성수에 대한 종교개혁자들의 강조점이 그리스도의 구속을 통해 이루어질 종말의 안식을 바라보면서 안식일의 성취가 그리스도 안에서 누리는 영적 안식에 있었다면, 청교도들은 그리스도의 구속 안에서 이루어진 구약의 안식일 제도의 성취가 종말에 누릴 영원한 안식으로 이행하는 과정에 주일이 있다고 보아 육체의 안식을 더욱 강조하였습니다. 그 결과 종교개혁자들의 균형추에서 다소 이동하지 않을 수 없었습니다.

하지만 그러한 변화의 기저에는 열악한 노동현실이라는 당시 청교도들이 살아갔던 시대의 상황이 있었습니다.

•• 방종주의와 바리새주의 사이에서

넷째로, 주일을 지킬 때 방종주의나 바리새주의 어느 한쪽으로 치우치기 쉬운데, 이 문제를 극복하기 위해 청교도들은 어떠한 노력을 기울였는가 하는 문제입니다.

청교도들은 기독교 역사상 가장 성경적인 교회와 신앙을 추구했던 사람들로, 연단된 꿋꿋함과 성숙한 경건을 보여주었던 그들의 삶은 지금까지도 뚜렷한 존재의 울림으로 남아 있습니다. 역사적으로 청교도들의 신학적 전통은 당시 대륙을 풍미했던 17세기 개혁파 정통주

17세기 청교도들(존 오웬, 리처드 백스터 등)

청교도들의 주일성수 전통에 대한 평가

의의 맥락 안에 있습니다. 그리고 개혁파 정통주의는 초대교회 교부에서 중세까지 이르는 보편교회의 신학과 교감하면서 종교개혁의 신학의 유산을 세밀화하고 정교화하는 역할을 하였습니다. 또한 17세기 네덜란드의 '나데레 레포르마티에'(*Nadere Reformatie*), 즉 '제2종교개혁'도 영국 청교도의 신앙적 영향으로 일어났습니다.

청교도들의 탁월한 유산이 지닌 높은 가치는 인정되어야 하지만, 주일성수에서 그들의 모본이 유일한 최상의 기준이고 그들이 작성한 것을 문자적으로 그대로 따르지 않으면 성경의 가르침을 떠난 것이라는 주장은 칼빈을 비롯한 종교개혁자들의 가르침과는 일치하지 않습니다.

청교도들의 주일성수 전통을 우리 시대에 문자 그대로 적용하려는 방식에 대해, 청교도 연구가인 제임스 패커(James I. Packer)는 다음과 같이 말합니다.

> 만일 우리가 청교도들이 자기 시대의 표현으로 해석했던 제4계명의 적용을 우리 자신들에게 엄격하게 부과한다면 우리는 율법주의를 늘리고 영속시킬 뿐이다. 그러나 만일 우리가 이 기성(既成)의 적용을 물려받으라는 유혹에 저항하고 하나님의 율법을 오늘날 우리 자신의 상황에 현실적으로 재적용하려고 한다면 이 문제를 판단하도록 마땅히 우리를 인도해주어야 하

는 적극적인 원리들이 청교도의 해석에서 비할 수 없이 풍부하고 시사적으로 제시된 것을 발견하게 될 것이다.[71]

제임스 패커는 주일성수에 관한 청교도들의 전통은 당시의 역사적 상황을 고려하여 이해해야 하며 따라서 그것을 그대로 우리에게 적용할 것이 아니라 그 정신과 교훈에서 청교도들의 유산을 찾아야 할 것이라고 설명합니다. 그는 우리가 청교도들의 주일성수 전통에서 받을 수 있는 신앙적 유산으로 다음의 두 가지 태도를 거론합니다. 첫째로는 주일을 지키는 것에 대한 태도이고, 둘째로는 주일성수에 대해 율법주의적이고 바리새주의적인 자세에 대한 경계입니다.

제임스 패커(1926~)

먼저 주일을 지키는 태도와 관련해서 청교도들의 전통을 살펴보겠습니다. 청교도들은 주일을 지키기 위해서는 사전 준비가 필요하다고 생각했습니다.

주일은 '영혼을 위한 장날'이요 '심령의 일을 위한 날'입니

---

71) J. I. Packer, *Among God's Giants: The Puritan Vision of the Christian Life* (Eastbourne: Kingsway Publications, 1997), 311.

다.[72] 주일을 거룩하게 지키는 것은 대체로 그 전날인 토요일 밤을 어떻게 보내는가에 의해 결정됩니다. 따라서 신자는 토요일 저녁을 주일을 준비하는 시간으로 구별해놓아야 합니다. 주일에 받을 신령한 복에 대한 기대를 고양하고, 예배드릴 자로 자신의 몸과 마음을 하나님께 바칠 수 있도록 충분한 휴식을 취해야 하는 것입니다. 리처드 백스터가 신자들에게 "토요일 밤에는 주일날 졸지 않도록 제때에 자라"라고 권면한 것도 바로 이러한 이유 때문이었습니다.[73]

주일을 거룩히 지키는 일의 중심은 그날 드리는 공적 예배에 있음은 아무리 강조해도 지나침이 없습니다. 주일성수에서 예배의 중심성은 개인뿐 아니라 가족들 안에서도 이루어져야 합니다.[74] 이에 대해 『웨스트민스터 대요리문답』은 다음과 같이 강조합니다.

---

72) J. I. Packer, *Among God's Giants: The Puritan Vision of the Christian Life* (Eastbourne: Kingsway Publications, 1997), 318~319.
73) 백스터는 거룩한 의무를 행하는 것에 대한 좀더 세부적인 지침을 제시하는 가운데 네 번째로 다음과 같이 말한다. "제때에 자라, 그래야 너와 너의 종들이 다음날 아침에 늦잠을 자거나 주일에 졸지 않는다." Richard Baxter, *The Practical Works of Richard Baxter*, vol. 1, *Christian Economics* (Morgan: Soli Deo Gloria Publications, 2000), 472.
74) J. I. Packer, *Among God's Giants: The Puritan Vision of the Christian Life* (Eastbourne: Kingsway Publications, 1997), 320.

특별히 가장과 기타 윗사람들에게 안식일을 지키라는 명령이 주어진 것은 그들 자신에게 안식일을 지킬 의무가 있을 뿐 아니라 그들의 통솔 아래 있는 사람들에게도 반드시 안식일을 지키게 할 의무가 있기 때문이며 그들의 일로 아랫사람들이 안식일을 지킬 수 없도록 방해받는 일이 흔히 있기 때문이다(*The Larger Catechism, 118*).[75]

다음으로 주일성수에 대한 율법주의적이고 바리새주의적인 자세를 가진 사람들에 대한 경계에 관해 살펴보겠습니다.

제임스 패커는 청교도들이 탁월한 신앙과 신학을 가진 사람들이기는 했지만, 그들이 제정한 구체적인 규칙들은 우리 시대에 그대로 답습해야 할 절대적인 것이 아니기 때문에, 그들의 주일성수의 규칙을 율법주의적으로 따르거나 바리새주의적인 태도로 남을 정죄하는 데 사용해서는 안 된다고 말했습니다.

우리가 청교도들의 주일성수 전통에서 본받아야 할 것은 그들이 정한 세세한 규정 그 자체가 아니라 그 속에 깃들어 있는 신학적인 원리와 하나님을 향한 그들의 헌신입니다. 그들이 정한 주일성수의 세세한 규정을 우리가 어떠한 비판이나

---

75) Westminster Assembly, *The Confession of Faith, The Larger and Shorter Catechisms* (Glasgow: Free Presbyterian Publications, 1973), 206.

숙고 없이 맹목적으로 따르는 것이 성경적 주일성수의 개념인 것처럼 생각해서는 안 됩니다. 왜냐하면 그들의 주일성수의 전통은 우리에게 본받을 만한 원리와 정신 그리고 신앙적인 모범을 제공해주고는 있지만, 그것이 성경과 같은 권위를 갖는 것은 아니기 때문입니다.

그런데 우리에게는 문제가 있습니다. 그것은 바로 오늘날 대부분의 조국 교회가 주일성수에 대한 확고한 신학적 확신이 부족하다는 것입니다. 그리고 그것은 주일의 성경적이고 신학적인 의미에 대한 목회자의 정리된 지식과 판단의 부족 그리고 이러한 사실들에 대한 목회적인 교육이 제대로 이루어지지 않고 있기 때문입니다.

이러한 상황에서 주일을 거룩하게 지키려는 사람들이 점점 줄어들고 있는 것은 이상한 일이 아닙니다. 주일이 무엇인지 성경적으로, 신학적으로 확고하게 알지 못하는데 어떻게 그날을 거룩하게 지키기 위해 자신들의 삶의 불편을 무릅쓰고 희생하겠습니까? 더욱이 그 주일에 누릴 수 있는 영적인 축복들이 무엇인지를 모르는 사람들이 어떻게 그것들에 대한 신령한 기대로 주일을 준비할 수 있겠습니까?

•• 결론

여기서 우리는 다음과 같은 질문에 마주하게 됩니다.

"우리는 왜 우리의 신앙과 신학에서 우러나오는, 우리의 현실에서 고민한 흔적이 묻어 있는 우리의 신앙고백 없이 약 370년 전의 신앙고백으로 대신하려 하는가? 그 신앙고백이 기록되던 당시의 사람들은 대부분 농경사회에서 살던 사람들이고 이제 우리는 산업화를 넘어 극단적인 자본주의 시대를 살아가고 있는데, 이 고백의 본질적인 내용에는 지금도 변함없이 전적으로 동의한다 할지라도 과연 그 신앙고백이 적실성 있게 현재의 우리를 바른 신앙으로 인도할 수 있는가?"

우리는 주일성수에 대한 청교도들의 엄격한 태도에 대해 경의를 표하지 않을 수 없습니다. 절박한 정치적인 상황 속에서도 박해를 무릅쓰며 신앙의 가치를 파수하려고 했던 그들의 신앙을 높이 평가해야 합니다. 그리고 우리도 어떤 신앙의 문제에서 그들처럼 정치적인 박해나 고난에도 불구하고 자신이 파수해야 할 신앙의 원칙들을 표명하고 그것을 지키는 일에서 한치의 양보도 없어야 할 것입니다. 그런 점에서 주일성수에 대한 청교도들의 세세하고 구체적인 조항이 신앙고백으로 표현된 것은 우리에게 항구적인 가치가 있는 신앙과 신학의 원리들을 제공합니다. 시대가 아무리 달라져도 성경의 진리는 휘지 않는 하나님의 법입니다. 그런 점에서 주일성수에 관한 청교도들의 용기 있는 고백은 높이 평가되어야 합니다.

   그러나 우리는 이러한 청교도의 정신을 따라서 그들이 제공하고 있는 원리의 빛 아래서 그들과 다른 시대를 살아가고 있는 또 다른 시대의 그리스도인들로서 이 문제에 대한 우리의 고백을 표명해야 합니다. 그리고 그것을 수립함에 있어서 정직하게 성경을 해석하고, 우리가 받아들인 신학의 원리를 따르며, 선교적인 의도와 역사를 고려하는 가운데 그 일을 수행해야 합니다. 그래서 그들이 따랐던 바와 동일한 원리와 정신이 담겨 있으면서도 우리 시대에 적실성을 갖는, 더 정확하게 말하자면 우리 시대를 선교하고자 하는 정직하고 절실한 의도가 담긴 신앙의 고백을 작성함으로써 우리 자신뿐만 아니라 오는 세대에까지 유익을 끼칠 수 있어야 합니다.

청교도들의 주일성수 전통에 대한 평가
이해와 나눔

● **내용 이해를 위한 토의**

1. 주일성수의 개념과 의미에 대해 종교개혁자들과 청교도들은 각각 어떠한 견해를 가지고 있었습니까?

2. 종교개혁자들과 청교도들 사이에 있었던 '그 날'에 대한 해석의 차이는 무엇입니까? 성경은 '그 날'을 어떻게 이해하고, 어떻게 지켜야 한다고 말하고 있습니까?

3. 육체의 안식과 영혼의 안식의 균형 문제에 있어서 종교개혁자들의 강조점과 청교도들의 강조점은 어떻게 다릅니까? 청교도들이 이러한 입장을 취하게 된 배경은 무엇입니까?

4. 칼빈은 『신명기 설교』에서 신약의 신자들이 구약의 안식일 제도를 연상케 하는 주일성수의 의무를 지켜야 하는 이유에 대해 3가지로 설명하였습니다. 그 3가지는 무엇입니까?

5. 제임스 패커는 우리가 청교도들의 주일성수 전통에서 받을 수 있는 유산으로 2가지를 거론합니다. 그 2가지는 무엇입니까?

6. 저자는 우리가 청교도들의 주일성수 전통에서 본받아야 할 것으로 무엇을 거론하고 있습니까?

●적용과 실천을 위한 나눔

1. 칼빈은 성경이 우리에게 의무 지워주지 않은 '아디아포라'에 대해 인간 스스로 규율을 만들어 멍에처럼 지고 그것을 감당하지 못했다는 양심의 가책을 느끼는 것은 옳지 않다고 생각했습니다. 자신의 삶을 돌아보며 이렇게 '아디아포라'의 문제임에도 불구하고 자의적 속박에 사로잡혀 오히려 복음의 은혜를 누리지 못하게 되는 결과를 초래하는 자신만의 규율은 없는지 나누어 보십시오.

2. 조나단 에드워즈는 구약의 안식일이 옛 창조를 기념하는 날이었다면, 신약의 주일은 새 창조를 기념하는 날이라고 설명하였습니다. 주일을 예수 그리스도의 십자가 대속을 통해 성취된 새 창조를 전심으로 기뻐하는 날로 보내고 있습니까? 주일의 의미를 이러한 측면에서 바라볼 때, 주일에 누리는 말씀과 은혜와 섬김과 교제 등은 어떤 의미로 새롭게 다가오는지 서로 나누어 보십시오.

3. 주일은 육적인 안식과 영적인 안식을 함께 누려야 하는 날입니다. 우리는 실제적으로 육체의 휴식을 강조하며 주일을 보내다보면 영적인 안식을 제대로 고양할 수 없고, 하나님을 앙망하는 예배자의 의무를 충실히 행하며 교회를 향한 섬김과 지체들에 대한 돌봄에 솔선수범하며 주일을 보내다보면 육체의 쉼을 제대로 누릴 수 없음을 경험합니다. 이에 대한 자신의 경험을 나누어 보고, 육적인 안식과 영적인 안식이 균형을 이루는 가운데 주일을 보낼 수 있는 지혜를 함께 찾아보십시오.

4. 주일성수의 문제에 있어서 왜 우리의 신앙과 신학에서 우러나온, 우리의 현실적인 고민이 묻어있는, 우리의 시대적 상황에 부합하는 적실성 있는 우리만의 신앙고백이 필요하다고 생각하는지 각자의 의견을 나누어 보십시오.

CHAPTER

5

주일성수에 대한 현실적 제언

구약의 안식일이 희미한 촛불이었다면, 신약의 주일은 그날의 주인이신 그리스도 때문에 찬란한 햇빛이고, 영원한 안식은 찬란한 영광이라고 할 수 있습니다.

Chapter 1 주일을 어떻게 보내야 하나?

Chapter 2 안식일과 주일

Chapter 3 청교도들의 주일성수

Chapter 4 청교도들의 주일성수 전통에 대한 평가

Chapter 5 주일성수에 대한 현실적 제언

모이기를 폐하는 어떤 사람들의 습관과 같이 하지 말고
오직 권하여 그 날이 가까움을 볼수록 더욱 그리하자
(히 10:25)

주일성수에 대한 현실적 제언

•• 들어가는 말

우리는 이제껏 청교도들과 루터와 칼빈과 같은 종교개혁자들이 가졌던 주일의 개념과 주일성수에 대한 신학적 입장, 그것들이 가진 역사적 배경과 그 함의에 대해 생각해보았습니다.

모든 고찰은 사실 이 하나의 토의를 위한 것이었습니다. 바로 "그러면 이제 우리는 현실적으로 주일성수에 대해 어떤 입장을 가져야 하는가?" 하는 문제입니다.

『웨스트민스터 대소요리문답』(*Westminster Larger and Shorter Catechisms*)의 주일성수 규정을, 그것에 대한 평가나 오늘날 현실에 적용하는 것에 대한 아무 고민 없이 고수해야 할까요?

아니면 오늘날 자유주의적인 신학의 노선을 따르는 사람들처럼 주일성수의 의무는 우리와 상관이 없으므로 그것은 우리와는 아무 상관이 없다고 선언하고, 규범 없이 살아야 할까요?

고백과 현실의 격차에 대해서도 이런 질문이 제기됩니다. 신앙고백에는 엄격한 주일성수를 말하면서 현실생활에는 그런 의무를 이행하지 않는 교인들에게 어떠한 제재를 가해야 할까요? 고백과 현실 사이의 확대되는 격차 속에서 주일성수의 기준을 자기보다는 남을 판단하고 정죄하는 데 사용하는 율법주의적이고 바리새주의적인 태도는 그대로 방치해도 되는 것일까요? 엄격한 주일성수의 기준을 충족하지 못한 사람들의 양심의 가책과 주일을 공휴일처럼 지내는 방종한 신자들의 양심의 가책 없음은 어떻게 다루어야 할까요?

이러한 격차는 교회의 현실적 대처에 대해서도 질문을 제기합니다. 교단이나 노회, 당회가 이미 자신들이 확고하게 표명하고 있는 『웨스트민스터 대소요리문답』의 주일성수의 규칙을 따르지 않는 교인들을 강력하게 권징하고 치리하여 주일성수의 기강을 바로 세우는 것은 어떨까요? 그럴 수 없다면 그것은 거룩한 용기의 부족일까요, 아니면 정당성이 확고하지 않기 때문일까요? 교회가 주일성수에 관한 모든 사항들을 그냥 '아디아포라'에 지나지 않을 뿐이라고 여기고 주일의 거룩함이나 구별됨에 대한 의식이 없이 살아가고 있는 오늘날 교인들의 방종한 태도를 방치해도 되는 걸까요?

이에 대해 저는 주일성수와 관련하여 다음과 같이 현실적인 제언을 드리는 바입니다.

•• 우리 시대의 신앙고백을 작성함

첫째로, 우리 시대의 신앙 고백을 작성해야 합니다. 우리가 따르는 교단 헌법은 우리의 교리적 표준을 『웨스트민스터』 신도게요서(信徒揭要書)와 『성경 대·소요리문답』으로 제시하고 있습니다.[76] 기독교 신조의 역사에서 『웨스트민스터 기준문서들』과 『신도게요서』가 가지는 신앙적 가치의 탁월성에

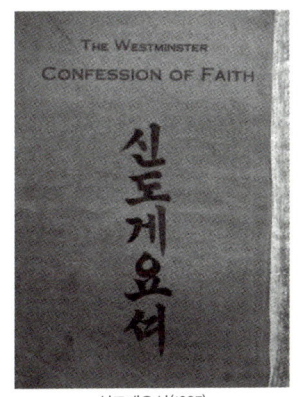

신도게요서(1925)

---

76) "대한예수교장로회에서 이 아래 기록한 몇 가지 조목을 목사와 강도사와 장로와 집사로 하여금 승인할 신조로 삼을 때에 대한예수교장로회를 설립한 모(母)교회의 교리적 표준을 버리려 함이 아니요, 오히려 찬성함이니 특별히 『웨스트민스터 신도게요서』(信徒揭要書)와, 『성경 대·소요리문답』은 성경을 밝히 해석한 책으로 인정한 것인즉 우리 교회와 신학교에서 마땅히 가르칠 것으로 알며 그중에 성경 소요리문답은 더욱 우리 교회 문답책으로 채용하는 것이다." 대한예수교장로회총회, 『헌법』 (서울: 대한예수교장로회총회 출판국, 2014), 21.

대해서는 아무리 강조해도 지나침이 없습니다.[77] 그러나 그것들이 작성되었을 때와 정치·사회·문화적 배경이 현저히 다른 오늘날에도, 상당 부분의 '아디아포라'가 포함된 신앙의 문제들에 대하여 약 370년 전 영국에서 작성된 기준 문서를 그대로 따른다고 간단히 답하는 것은 신앙의 역사성에 대한 진지한 고민 없이 너무나 쉽게 넘어가는 결정입니다.

1907년 장대현교회에서 소집된 제1회 노회 때에 신경과 규칙을 정식 채용한 것이 대한예수교장로회의 최초의 헌장이었고, 우리의 생각을 가미해 만든 예배 모범이나 주일성수에 관한 기타 조항들이 이후 수차례 첨삭을 거치며 개정되어왔지만 우리 시대, 그것도 한국 교회에 그대로 적용하기에는 적실성이 부족한 부분들이 많이 있습니다.

기독교 선교 초기에는 교회가 신학적 지식도 충분하지 않고 신학자들의 숫자도 부족하여 17세기에 작성된 표준 문서를 교단의 신앙고백으로 전용할 수밖에 없었던 상황을 이해할 수 있습니다. 그러나 그때는 우리나라가 농경사회에서 산

---

77) 『신도게요서』(信道揭要書)란 조선예수교서회에서 1925년에 발행한 웨스트민스터 신앙고백을 번역한 문서이다. 베어드(W. M. Baird) 선교사가 번역하고 레이놀즈(W. D. Reynolds)가 교정한 이 문서는 총 33장으로 나뉘어 기독교 교리를 설명하고 있으며, 현재까지 한국장로교회 신앙의 규범이 되어왔다. 이기문 편, 『기독교대백과사전』, 제10권 (서울: 기독교문사, 1996), 83. 자세한 내용은 총회 헌법 부록에 수록되어 있는 『신도게요서』를 참조하라. 대한예수교장로회총회, 『헌법』 (서울: 대한예수교장로회총회 출판국, 2014), 269~343.

평양 장대현교회

업사회로 이행하지도 못하던 시기였습니다. 17세기 청교도들의 정치·문화·경제·사회적 상황은 오늘날 우리 시대의 그것들과 현저히 다릅니다.

우리가 신앙의 기준으로 삼은 유서 깊은 신앙고백 문서들의 신앙적이고 신학적인 가치는 탁월합니다. 그러나 그 사이 18세기에 계몽주의 사조가 일어나 유럽을 휩쓸었고, 19세기에는 자유주의가 기독교 신앙을 강타했습니다. 20세기에는 양차 세계대전을 겪으며 사회주의의 출현, 제국주의, 실존주의와 허무주의를 거쳐 해체주의까지 겪으면서, 21세기인 지금은 포스트모더니즘의 정오쯤에 와 있습니다.

우리나라와 관련해 말하자면, 조선의 멸망과 일본 제국주의의 침탈과 해방, 6·25전쟁과 남북분단, 독재정권의 출현과 부패, 군사정권의 폭압과 민주화의 격랑이 있었고, 이제 상대주의의 물결과 첨단 미디어 환경 속에서 글로벌 시대의 파고 위에 있습니다. 그리고 오늘날 우리 사회는 부의 불균형, 환경오염, 사회 정의와 부패한 정치 현실과 같은 문제들에 직면하고 있습니다.

이러한 상황에서 우리 시대의 교회는 자신의 신앙을 자기 시대의 언어로써, 현실과의 치열한 고민과 씨름 속에서 자기의 입술로 고백해야 할 책임이 있습니다. 이러한 신학적 고백의 큰 틀 안에서 새로운 신앙고백이 이루어져야 하고, 거기에 주일성수에 관한 교단적인 합의를 담아내야 합니다.

●● 주일의 신학적 의미를 가르침

둘째로, 주일의 신학적 의미를 가르쳐야 합니다. 주일은 단지 종교적인 습관에 따라서 준수하는 '그날'이 아닙니다. '주일'의 신학적 의미를 모르는데 어떻게 '성수'를 하겠습니까? 주일의 신학적 의미를, 성경을 통해 정확하고 풍부하고 쉽게, 그리고 반복해서 가르쳐야 합니다. 교인들과 자라나는 세대들이 주일의 신학적 의미를 제대로 배우기 위해서는 먼저 신

구약 성경 전체를 관통하여 흐르고 있는 구속사를 알고 있어야 합니다. 신학적으로 주일의 신학적 의미 규정은 신론, 인간론, 기독론, 구원론, 교회론, 그리고 종말론이 만나는 장이기 때문입니다.

그리스도인의 지식과 신앙은 체계적인 구조를 갖출 때 사상으로서의 힘을 발휘할 수 있고, 윤리로서의 힘은 그 위에 역사하는 은혜에서 나옵니다. 그리고 이 지식과 은혜는 모두 그리스도를 통하여 삼위일체 하나님으로부터 나옵니다. 그리스도인의 풍성한 사랑은 올바른 지식과 총명에서 온다는 사실은 의심할 여지가 없습니다(빌 1:9).

먼저 교회가 어린아이들로부터 장년에 이르기까지 모든 성도들에게 신약시대의 주일의 신학적 의미는 물론 구약시대의 안식일에 대한 올바른 지식을 성경적으로, 신학적으로 풍성하게 가르치지 않는다면 결코 올바른 주일성수를 기대할 수 없을 것입니다. 모든 교회가 평소에 예배와 교육을 통해서 성경과 교리를 철저히 가르치고, 신학은 물론 교회의 역사까지 차근차근 가르쳐야 할 이유가 여기에 있습니다.

교회는 직접 성경 본문을 통해서든지, 역사적인 신앙고백 문서들을 사용하든지, 개혁신학의 입장에서 잘 정리된 신학 서적이나 학술논문을 이용하든지 주일의 의미에 대해 가르쳐야 합니다. 그리하여 교인들이 주일에 대한 바르고 풍부한 지식을 토대로 '성수', 곧 거룩하게 지키는 방식이 무엇인지를 배우고 그들의 생활이 거룩하고 경건해지도록 해야 합니다.

그리스도인의 윤리적인 생활은 사상적인 체계와 밀접히 관련되어 있어야 확고한 정당성과 지속성을 가질 수 있습니다. 주일의 신학적 의미를 규정하는 작업 안에서 기독론과 신론, 인간론, 교회론과 종말론이 만나게 됩니다.

따라서 주일의 의미를 잘 배우는 것은 단순히 율법적 의무를 교육받는 것이 아니라 세계와 인간을 향한 하나님의 경륜 전체를 이해하는 것입니다. 하나님의 구원의 은혜와 사랑에 대한 감격은 주일의 신학적 의미를 더 깊이 깨달을수록 더욱 심화될 것입니다.

'주일성수'를 강조할 때 '무엇을 하지 말아야 할' 의무만이 아니라 '무엇을 누릴 수 있는지'와 관계된 특권과 축복을 함께 강조해야 합니다. 그래야 주일에 하나님께로부터 부어지는 신령한 복에 대해 사모하고, 영혼을 위한 '장날' 같은 기쁨을 기대하고, 또 그 모든 것을 실제로 누릴 수 있게 되기 때문입니다.

주일은 그리스도 안에서 하나님께서 주신 좋은 것들을 누리는 날입니다. 가족들 간의 유대나 교제의 기쁨, 더 많은 관용과 기쁨, 영적인 자유가 주어지는 날입니다. 주일의 신학적 의미에 대한 바른 가르침은 그리스도인들로 하여금 주일을 노예처럼 하나님을 위해 봉사하는 날로 여기지 않고, 신자들에게 주신 독특한 영적 특권들을 누리는 날로 여기게 할 것입니다.

•• 율법적 바리새주의를 경계함

셋째로, 율법적 바리새주의에 대한 경계가 요구됩니다. 개교회가 주일성수에 관한 세부적인 조항들을 끊임없이 제정하고 그것의 준수 여부를 감시하는 것은 현실적으로 가능하지도 않고 바람직하지도 않습니다. 그렇다고 해서 신자들이 주일을 어떻게 보내든지 교회가 내버려두자는 말이 아닙니다. 오히려 교회가 주일성수에 대한 율법주의적이고 바리새주의적인 태도를 가르치기보다는, 16세기 종교개혁자들, 17세기 청교도들과 대륙의 정통주의자들이 견지했던 주일성수의 실천들에서 우리가 따라야 할 항구적인 원리들을 추출하여 성도들에게 감화력 있게 가르치자는 것입니다.

무율법주의와 방종주의를 허락하는 것은 주일성수에 관한 교인들의 율법적이고 바리새주의적인 태도에 대한 확실한 처방이 아닙니다. 오히려 주일을 거룩하게 지키며 살아야 할 성경적인 원리에 대한 깊은 신앙의 감화와 하나님의 거룩하심에 대한 은혜로운 정동(情動)을 경험해야 합니다.

복음을 통해 하나님의 거룩하심 앞에서 자신의 존재적 미천함과 도덕적 비천함을 인식한 신자들이라면 두려움과 의무감 속에서 율법을 지키는 것과 하나님의 죄 사함과 사랑 때문에 율법을 지키는 것 사이의 뚜렷한 격차를 모르지 않습니다.

따라서 목회자들은 주일성수에 대한 청교도들의 엄격주의적 조항들을 무조건 따르도록 가르치지 말고, 거기서 찾아낼 수 있는 항구적이고 성경적인 원리를 설교해야 합니다. 그리하여 하나님 앞에서 자신의 불경건한 삶을 총체적으로 회개하고 돌이켜 은혜를 받게 하는 것이 주일성수와 관련하여 율법적 바리새주의에 빠질 수 있는 교회적 위험에 대한 확실한 처방입니다.

그동안 조국 교회에서 주일성수에 대한 논의는 교회의 신령한 덕을 제고하고 신자들을 온전한 신자로 세우고자 하는 덕스러운 운동이기보다는 구체적인 표준을 따르지 않는 사람들을 판단하고 정죄하는 데 사용되는 때가 많았습니다. 더욱이 주일성수에 대한 율법주의적인 판단이 그리스도인의 양심의 자유를 저촉하고 외식들을 낳기도 하였습니다.

경건의 유익과 분리되고 교회의 덕을 세우는 것과는 상관없이, 구체적 계명을 준수하는 사람들에게는 그리스도의 구속보다는 자기의 의를 의지하게 하고 준수하지 못하는 사람들에게는 양심의 부자유함이나 주일을 거룩히 지켜야 할 의무에 대한 노골적 폐기를 부추기는 반발심을 불러일으키고 있는 것은 모두 올바른 태도가 아닙니다.

•• 자유주의적 방종을 경계함

넷째로, 자유주의적 방종에 대한 경계가 필요합니다. 이를 위하여 교회는 수많은 주일성수의 규정을 만들기보다는 주일의 거룩한 의미를 깨닫고 영혼과 육체의 안식을 누리는 유익과 행복을 스스로 체험할 수 있도록 도와야 합니다.

주일을 신학적으로 구약의 안식일의 직접적 연장인 것처럼, '아디아포라'에 속하는 사항들에 대해서조차 주일성수의 규칙들을 지나치도록 상세하게 제정하고는 무조건 지키게 하고 이것을 준수하지 않을 때 정죄하는 것은 바람직하지 않습니다. 오늘날 북미 교회의 대부분의 교단들이 주일성수에 대한 내용을 신조에 거의 싣지 않는 것은 이런 이유 때문일 것입니다.

그러나 주일성수에 대한 아무 규칙도 없이 주일을 아무렇게나 보내도 좋은 것처럼 내버려두는 것도 바람직하지 않습니다. 그러한 느슨한 주일성수의 관습들은 그렇지 않아도 침체 상태에 있는 교인들의 영적 생활을 더욱 악화시킬 것이기 때문입니다.

따라서 공교회의 결정을 통해 신학적으로, 역사적으로 교회가 양보할 수 없는 최소한의 주일성수의 원칙들을 새로 작성된 신앙고백서 안에 실어야 합니다. 그리고 개 교회는 그 지침에 따라 교인들의 주일성수를 지도해야 합니다.

정기적으로 주일성수에 관한 설교를 하여, 그 말씀에 은혜를 받고 영적으로 변화된 성도들이 신앙고백서 속에 기록된 주일성수에 관한 규정들을 통해서 개인적으로 주일을 어떻게 보내야 할지에 대해 깊이 숙고하게 해야 합니다. 또한 '아디아포라'에 속하는 사항들에 관련해서는, 주일성수를 위한 세부적인 실천 규칙들은 개인의 양심에 따라 작성하게 해야 합니다. 다시 말해서 '아디아포라'에 속하는 주일성수를 위한 행동 규칙 등을 개인 규범화하는 것입니다. 그리하여 신자들이 주일의 신학적 의미를 알고 주일을 거룩히 지키는 생활 자체가 교회와 가족 공동체 속에서 하나의 문화가 되게 해야 합니다.

다른 경건한 신자들이 주일의 성경적이고 신학적인 의미에 따라 그날을 올바르게 지키면서 누리는 영혼의 자유와 평안, 육체의 쉼과 관계의 회복 등을 보며 그런 삶의 방식을 따르고 싶은 마음이 들게끔 하는 은혜로운 시행을 목표로 해야 합니다.

주일성수에서 신자들의 실천적 방종을 막기 위하여, 교회는 주일성수를 위한 구체적인 준수사항을 물질적 복이나 하나님의 징벌과 관련하여 설교하여 성도들을 두렵게하거나 정죄하기보다는, 청교도들이 주일성수에서 견지했던 엄격주의적인 태도 안에 있는 성경적 원리들을 감화력 있게 설교하여 은혜를 받게 해야 합니다. 그리하여 교인들이 그 원리들에 담긴 신앙심에 의해 스스로 구체적이고 실천적인 적용에 이르게 하여야 합니다.

성령의 역사로 주일성수의 의무에 대해 깊은 은혜를 받았다고 할지라도, 스스로 구체적인 실천의 규범을 갖지 않는다면, 일관성 있게 주일을 거룩하게 지키는 것이 현실적으로 어렵습니다. 그래서 주일의 성경적이고 신학적인 의미를 깊이 이해하고, 주일성수의 의무의 아름다움과 행복에 대하여 깊이 은혜를 받은 후에는, 스스로 그 지식을 따라 신앙과 양심에 합당하게 주일성수에 관한 개인 규칙들을 만들게 하는 것이 바람직합니다.

주일성수를 위한 개인적인 규칙을 작성하는 것은, 남에게 강요하기 위한 것이 아니라 주일을 거룩하게 보내기 위해 자신의 삶을 규율할 목적으로 누구의 간섭 없이 스스로 작성하는 것입니다. 이러한 개인 규범으로서의 주일성수의 개인적 규칙들은 공교회적 신앙고백이나 공적인 설교보다 훨씬 더 구체적이고 실천적이어야 합니다. 그것을 얼마나 상세하게 정하여 주일성수를 위한 개인 규범으로 정할 것인지는 전적으로 개인의 신앙과 양심에 달린 것입니다.

다만 그와 같이 주일성수를 위한 개인 규칙을 작성하는 신자는 자신이 세우는 규칙들이 큰 틀에서 성경과 종교개혁자들과 청교도들의 주일성수의 원리에 부합하는 것인지를 스스로 판단할 수 있도록 그리스도를 아는 은혜와 지식을 소유하고 있어야 합니다. 그렇지 못한 경우에는 목회자들이 교인들을 돌보면서 지도하여 주일의 신학적 의미와 주일성수의 당위성에 대해 설복되게 하여야 합니다. 그리고 자신이 스스로 주일을 거룩하게 보내기 위한 개인 규칙들을 작성하도록 지도해야 합니다. 그 개인 규칙들은 외부적으로 다른 신자들에게 공표하기 위한 것이어서는 안 됩니다. 더더욱 그것을 가지고 다른 사람들의 주일성수 여부를 판단하여 칭송하거나 정죄해서도 안 됩니다.

교회는 각 교인들이 주일을 거룩하고 온전하게 지켜서, 영혼을 예배와 진리로써 거룩한 은혜에 이르도록 고양하고, 육체를 편안한 쉼으로써 건강과 평안에 이르게 하도록 지도해야 합니다. 그리고 교인들은 스스로 정한 주일성수의 엄격한 개인 규칙을 따르도록 다짐해야 합니다. 그렇게 개인적으로 제정한 주일성수의 규칙 중 어떤 것들을 어겼을 때에는 정직한 자기반성을 통해 자신의 영혼의 상태를 파악하고 회복의 은혜를 구할 수 있어야 합니다. 그리하여 교인들로 하여금 주일성수뿐만 아니라 삶의 전 방면에서 하나님을 향한 자신의 경건에 결함이 있는지를 정사(精査)하는 기회로 활용하고 다시 분발하는 기회로 삼게 하는 것입니다.

이러한 규칙들을 어린 시절에는 부모의 지도하에 스스로 작성하도록 지도하고, 신앙이 성숙해가면서 독립적으로 스스로 작성하게 합니다. 학생에서 직장인으로, 독신에서 가정을 가진 사람으로, 피고용인에서 고용주로 삶의 상황이 바뀔 때마다 새롭게 개인 규칙을 작성해야 합니다. 그러나 그 내용을 타인에게 알리거나 교회 앞에 공표할 필요는 없습니다.

자신은 신앙과 양심에 따라 엄격히 개인 규칙을 따르되, 자신보다 더욱 엄격한 개인 규칙을 따라 주일성수를 실천한 사람들을 '지나친 엄격주의자'라고 비난하지 않도록 성숙한 태도를 가져야 합니다. 또한 자신보다 덜 엄격한 주일성수의 개인 규칙을 가진 지체를 보며 영적 우월감을 갖거나 '지나친 자유주의자'라고 비난하는 일이 없도록 하여야 합니다.

교회의 모든 지체들은 우연히 다른 사람들의 개인 규칙을 알게 되었을 때, 그것을 깊이 존중하도록 성숙하게 훈련되어야 합니다. 그리하여 교회는 이 문제와 관련하여 분쟁이 없으면서도, 마치 이제 더 이상 주일성수에 관한 어떤 규율도 없는 것처럼 가볍게 방종하지 못하게 할 뿐 아니라, 서로를 쉽게 정죄하지 않게 하여 경건의 유익과 교회의 일치를 도모할 수 있어야 합니다.

•• 신자들의 영적 변화를 위해 힘씀

다섯째로, 교회는 신자들의 영적 변화를 위해 힘써야 합니다. 우리는 청교도들의 탁월한 신앙과 신학, 철저한 생활방식을 그저 '까다롭고 꼬장꼬장한 분리주의자들의 고집' 또는 '타협을 모르는 비현실적이고 결벽주의적인 태도'라고 부정적으로 간주해버리곤 합니다. 그러나 그들이 고난과 박해 속에서도 그렇게 높은 수준의 경건과 엄격한 삶을 살아갈 수 있었던 것은 그들이 경험한 영적 부흥 때문이었습니다.[78]

청교도 신학의 특징은 실천적 성격을 가진 경험주의입니다. 청교도들이 모두 그렇지는 않았지만, 그들 중 어떤 사람은 대륙의 16세기 말~17세기 개혁파 정통주의의 학문적 산맥의 봉우리의 역할을 하였습니다.

신앙적 경건과 목회적 실천, 학문적 탁월성을 겸비한 이 인물들을 가리켜 '성학'(聖學, divines)이라고 부릅니다. 윌리엄 퍼킨스, 존 오웬, 에드워드 레이(Edward Leigh, 1602~1671), 리처드 백스터, 토마스 굿윈(Thomas Goodwin, 1600~1680), 조지 스윈녹(George Swinnock, 1627~1673) 등과 같은 인물들입니다. 이 탁월한 청교도 신학자들은 소위 '메마른 학자'들로서 단지 책상 위

---

[78] J. I. Packer, *Among God's Giants: The Puritan Vision of the Christian Life* (Eastbourne: Kingsway Publications, 1997), 58.

에서 교리를 세우던 인물들이 아니었습니다. 그들은 성경과 신학적 탐구를 통해 발견한 교리들을 건전한 이성을 사용하여 조직화했을 뿐만 아니라 직접 실천함으로써, 그것들이 성경의 가르침과 확고히 일치하고 경건과 목회에 유익을 준다는 사실을 입증하기 전까지는 자신들의 교리를 세우는 작업이 끝난 것이 아니라고 믿었습니다.

신학 함에 대한 청교도들의 이러한 특징은 그들의 신학을 실천적으로 풍성하게 했지만, 그들과 같은 풍부한 영적 부흥 속에 살지 못한 시대의 사람들에게는 서로 다른 현실에서의 적실성이 부족하다는 비판을 받기도 했습니다. 그러나 분명한 사실 하나가 있습니다. 신자들이 현실적으로 주일이 주는 영적인 풍성함을 예배를 통해 충분히 누리게 될 때 주일에 세속적인 일에 마음을 빼앗기고 분주해질 가능성이 적어진다는 것입니다. 주일성수에 관해 논의하면서 우리가 간과해서는 안 될 것이 바로 주일에 예배드리기 위해 교회에 모인 성도들이 진정한 부흥을 경험해야 한다는 사실입니다.

하나님의 일하심을 기대하라

주일성수에 대한 논의를 할 때 으레 나오는 질문이 있습니다. 바로 오늘날 조국 교회에서 과연 주일성수의 신앙적 필요성과 신학적 중요성에 관해 깊이 숙고하고 개인 규칙을 작성할 수 있을 정도로 성숙한 신앙을 가진 교인들이 얼마나 되겠느냐는 질문입니다.

오늘날 우리는 분명 영적인 어둠이 깊이 드리운 시대를 살아가고 있습니다. 그러나 그렇다고 모두가 눈을 감고 살아야 하는 것은 아닙니다. 하나님께서 진리의 빛을 완전히 거두신 시대는 이전에도 없었고, 앞으로도 없을 것입니다.

오늘날 조국 교회의 영적 상황이 주일성수의 신학적 논의를 진행하기에는 무리가 있다고 생각하는 사람들에게 제가 말하고 싶은 요지는 다음과 같습니다.

성령의 각성케 하심

첫째로는, 신자의 거룩한 삶을 위한 성령의 각성케 하는 역사를 과소평가하지 말아야 한다는 것입니다. 신자들이 말씀으로 깊이 은혜를 받을 때 하나님의 거룩하심에 대한 미학적이고 윤리학적인 감각이 상승되며, 이는 즉각적으로 그들에게 거룩한 존재가 되고 싶고 거룩한 삶을 살고 싶어지게 갈망을 느끼게 합니다. 신자들이 은혜로 말미암는 영적 각성을 경험할 때, 온전한 삶을 살고자 하는 거룩한 욕구는 탁월하게 증가하고, 주일은 새로운 의미로 다가오게 됩니다.

우리는 이와 관련된 흥미로운 한 예증을 조나단 에드워즈의 목회에서 영적 각성과 부흥의 경험에서 발견할 수 있습니다.

그는 자신의 책 『놀라운 회심 이야기』(*A Faithful Narrative*)에서 피비 바틀릿(Phebe Bartlet)이라는 네 살 된 어린아이의 놀라운 회심 이야기를 다루고 있습니다.[79]

조나단 에드워즈(1703~1758)

이 어린아이는 회심한 열한 살 된 오빠에게 신앙에 관한 이야기를 듣고 지속적으로 기도하다가 그리스도를 깊이 만나는 부흥의 경험을 합니다. 그후 이 어린아이에게 일어난 놀라운 변화가 두 가지가 있었는데, 하나는 죄에 대한 민감함이고, 또 하나는 주일에 대한 놀라운 기대감과 기다림이었습니다.

주일이 지난 다음날부터 이 아이는 엄마에게 몇 밤이 더 지나면 주일이 오냐고 몇 차례씩 물었습니다. 엄마가 왜 그렇게 교회 가기를 좋아하냐고 묻자, 아이는 대답했습니다.

"엄마, 에드워즈 목사님의 설교를 듣고 싶어서요."

하나님께 대한 인간의 신령한 의무는 신령한 세계의 아름다

---

[79] Jonathan Edwards, *The Works of Jonathan Edwards, vol. 4, A Faithful Narrative*, ed. C.C. Goen (New Haven: Yale University Press, 1972), 199~205.

움을 경험함으로써 인간에게 사랑받게 됩니다. 명백한 주일성수의 의무에 대한 기피와 태만은 하나님의 위엄과 사랑에 대한 영적 무감각에 원인이 있습니다. 성령의 각성케 하심과 은혜 없이는 누구도 주일성수의 의무 속에 담긴 하나님의 깊은 사랑의 배려를 읽어내지 못합니다.

한 교회 안에서 하나님의 백성들의 공동체성은 한 하나님의 사랑을 한 장소에서 함께 경험하는 것을 빼놓고는 생각할 수 없습니다. 그것을 통해 지체들을 향한 실제적 사랑이 그리스도와 교회의 영적인 연합으로 온다는 사실을 확신하게 되기 때문입니다. 목회자와 교회지도자들이 성도들과 함께 성령의 역사로 말미암는 영적 각성을 간절히 사모하며 기도해야 할 이유가 여기에 있습니다.

체계적인 교리 교육

둘째로는, 그러므로 지금부터라도 교회는 교인들에게 체계적으로 교리를 가르쳐야 한다는 것입니다. 박해 속에서도 흔들리지 않았던 청교도들의 견고한 삶은 확고한 교리적 지식에 뿌리를 두고 있습니다.

교리란 하나님의 말씀인 성경의 가르침을 공시적으로(共時的, synchronically) 조직화한 것입니다. 다시 말해서 어떤 신학적 논제에 대해 구속사의 전개에 따라 나타난 계시의 점진성

조나단 에드워즈의 『놀라운 회심 이야기』(1737)

을 고려하여 통시적(通時的, diachronically)으로 성경의 책별로 답하는 것이 아니라, 성경 전체의 계시를 조직하여 평면적으로 답하는 것입니다. 이것은 하나님 자신에 대한 지식과 인간과 세계를 향한 하나님의 일들에 관한 신적 지혜를 의미합니다.

교회는 단순히 교리를 가르치는 것을 넘어서서, 교인들에게 인간으로서 하나님 앞에서 '잘 사는 것'이 무엇인지를 가르치는 신학교가 되어야 합니다. 목회자가 되기 위한 교육기관으로서의 신학교가 아니라 그리스도를 통하여, 성령 안에서, 하나님을 향하여 잘 사는 것이 신학의 궁극적인 목표라는 의미에서 교회는 신학교가 되어야 합니다.

모든 지식들이 성경의 빛 아래서 의미가 해석되고, 그 지식이 하나님을 알고 사랑하게 하여 삶의 모든 방면에서 거룩함으로 나타나게 하는 그런 신학교가 되어야 합니다. 그리하여 세상 속에 살고 있으나 세상과 섞이지 않고, 세상 사람들과는 다른 정체성을 가지고 있으나 세상과 분리되지는 않는 그리스도인들이 되게 하는 신학교가 되어야 합니다.

교회가 현대의 반지성적 사조 속에서 매몰되지 않기 위해서는, 신자들에게 기독교 사상의 탁월성과 유장함을 가르쳐 그들이 '작은 기독교 사상가'가 되게 하여야 합니다. 이 땅의 교회가 하나님 나라의 건설에 이바지하기 위해서는 그 자신이 먼저 영적 번영을 누려야 합니다. 교회의 영적 번영은 곧 하나님의 진리와 사랑이 충만함이며, 이로써 윤리적으로 탁월하고 덕스러운 삶을 살아감으로써 존재의 울림을 들려주는 것입니다.

청교도 신학자인 존 오웬(John Owen, 1616~1683)은 하나님께서 당신의 진리를 성경과 신자의 마음, 목회사역이라는 세 개의 저장고에 두셨다고 했습니다.[80]

목회사역은 닫혔던 성경의 계시를 열어 신자들에게 보여주고, 이로써 신자의 마음에 깃든 무지의 어둠의 그늘 아래 활개를 치던 오류와 악들이 사라집니다. 그러므로 교회는 신자들이 자신들의 모든 삶을 하나님을 아는 지식의 기반 위에 세우고, 성경과 신학을 통해 알게 된 거룩한 지식들이 삶의 실천으로 나타나도록 지도해야 합니다.

주일성수는 신자의 경건한 삶의 여부를 결정짓는 중요한 사안입니다. 만약 교인들이 평

존 오웬(1616~1683)

---

80) John Owen, *The Works of John Owen*, vol. 7, *On the Nature and Causes of Apostasy, and the Punishment of Apostates*, ed. William H. Goold (Edinburgh: The Banner of Truth Trust, 1991), 187.

소에 성경과 교리, 신학에 관한 지식들로 체계적으로 무장되었다면, 주일성수를 위한 개인 규칙들을 작성하는 것은 어려운 일이 아닐 것입니다. 그러므로 모든 목회자와 설교자들은 하나님을 아는 지식과 거룩한 학문의 지식으로 무장하기 위하여 부지런히 성경과 학문 연구에 헌신해야 합니다.

참된 부흥을 위한 기도

셋째로는, 조국 교회의 참된 부흥을 위해 기도하라는 것입니다. 교회가 아무리 훌륭한 개혁주의 교리를 자신들의 신앙이라고 고백해도, 그 고백을 따라 살게 하는 힘은 입술에서 나오지 않습니다. 더욱이 오늘날과 같이 절대가치를 부정하는 상대주의(Relativism)와 극단적으로 개인의 행복과 평화로 도덕과 가치를 대신하고자 하는 포스트모더니즘(Postmodernism)의 시대의 격랑 앞에서 단지 입술로 하는 신앙고백은 파도 위에 떠 있는 검불과 같을 뿐입니다.

교회는 예배를 통하여 하나님의 거룩하심과 영광스러운 주권, 그리스도의 탁월하심과 아름다움에 대해 설교할 뿐만 아니라 그것들을 보여줄 수 있어야 합니다. 무너진 주일성수 뒤에는 실패한 주일 예배가 있고 실패한 주일 예배 뒤에는 잠든 설교단이 있고, 잠든 설교단은 영적으로 잠든 교회 안에 있습니다.

우리는 이렇게 방종에 가까울 정도로 느슨해진 주일성수에 대한 책임을 통감하며 조국 교회에 참된 영적 각성과 거룩한 부흥을 주시도록 기도해야 합니다. 하늘을 가르고 강림하시는 하나님의 실제적인 부흥 없이는 주일성수에 관한 지루하고 긴 논의는 실제로 교회에 아무런 거룩한 열매도 가져다 주지 못할 것이기 때문입니다.

하나님을 기뻐하는 자들에게는 주일성수의 규칙들이 특권처럼 여겨질 것이라는 사실은 아무리 강조해도 지나침이 없습니다.

그날을 지키게 하는 최선의 방법은 그날을 누리게 하는 것

교회가 주일에 성도들에게 줄 수 있는 축복은 단지 육체적 쉼만을 강조함으로써 획득되는 것이 아닙니다. 교회가 신자들에게 주일이 다른 날과 구별되는 특별한 은혜의 날임을 알게 하는 가장 좋은 방법은 그날 영혼의 자유와 기쁨을 누리게 하는 것입니다.

제가 교육전도사로 섬기고 있을 때의 일입니다. 공동체에 속한 대부분의 지체들은 중생과 회심의 증거가 없었습니다. 예배시간에는 장난치거나 무관심의 침묵으로 일관하였고, 설교할 때는 벽을 향해 외치는 것과 같았습니다. 그러다가 하나님께서 하늘을 열고 신령하고 찬란한 은혜의 빛을 주셨습니다. 많은 지체들이 급격한 회심과 함께 부흥을 경험했습니다.

부모의 강요와 교사들의 권면, 친구들과의 교제의 욕구 등으로 간신히 주일예배만 참석하고는 운동이나 오락을 즐기거나 공부하러 가던 지체들이 주일이면 온종일 교회에 머물며 기도하고 찬송하고 신앙적으로 방황하는 친구들을 심방하는 것을 목격하였습니다. 예배시간은 하나님을 만나고자 하는 영적인 갈망과 그리움으로 가득 찬 지체들이 '상한 심령과 통회하는 마음'으로 드리는 향기로운 제사와 같았습니다.

제가 말씀드리고자 하는 요지는 이것입니다. 주일은 단지 이성적 가르침만으로 신자의 마음과 삶 속에서 거룩해지지 않습니다. 거룩한 주일은 하나님을 만나는 예배의 부흥 없이는 거룩하게 지켜질 수 없습니다. 그러므로 신자들에게 주일 성수를 가르치는 가장 효과적인 방법은 주일예배를 통하여 그들이 거룩하신 하나님을 깊이 만나게 해주는 것입니다. 각양 찬란한 신적 성품의 빛이 진리를 아는 지식과 함께 신령한 사랑으로 그들의 마음을 압도하여 주일성수의 의무를 버리고 누릴 수 있는 세속적인 즐거움들이 쓰레기처럼 느껴지게 하여야 합니다.

주일에 부어주실 영적인 은혜와 신령한 복을 사모하며 간절히 기도하지 않는 것은 주일성수 의무를 예배의 참석으로 때우게 하거나 하나님의 은혜 대신 설교자의 재능을 의지하게 할 것입니다. 우리가 교회의 진정한 부흥을 사모하며 기도해야 할 이유가 여기에 있습니다.

결론

'주일'은 문자 그대로 '주님의 날'입니다. 오늘날 우리가 일요일을 주일로 지키는 것은, 어떤 사람들이 고집스럽게 주장하는 것처럼 로마 시대의 태양신 숭배사상과 관련을 가지고 종교적으로 이교적 혼합의 길을 간 것이 아닙니다. 오히려 로마 시대의 이교적 절기를 기독교의 내용으로 점령한 선교적 정황화의 성공 사례입니다.

우리가 주일을 지키는 것은 단지 구약의 안식일 제도가 그리스도 안에서 성취되었기 때문만은 아닙니다. 또한 영광의 날에 성도들이 누리게 될 종말론적 안식도 단지 구약의 안식일 제도의 완성만이 아닙니다. 오히려 우리는 주일 안에서 그리스도가 현재적으로 이미 우리와 함께 하시는 행복을 누립니다.

구약의 안식일은 주일이 드러낼 하나님의 구속경륜의 그림자였습니다. 구약의 안식일이 희미한 촛불이었다면, 신약의 주일은 그날의 주인이신 그리스도 때문에 찬란한 햇빛이고,

그 주일이 바라보는 영원한 안식을 누릴 뿐 아니라, 종말에 도래할 하나님 나라의 행복을 미리 앞당겨, 진리와 성령 안에서 실제로 누립니다.

청교도들은 신앙과 삶에서 탁월한 '이 땅의 성자들'이며, 기독교 역사에서 장중한 존재의 울림을 남긴 사람들임이 분명합니다. 저는 경건과 신학에서 그들이 남긴 역사적 유산에 대하여 경의를 표합니다. 또한 주일성수에 관한 청교도들과 종교개혁자들의 신학적 차이점들을 극대화하여 마치 이 둘이 서로 대척관계에 있는 것처럼 과장하는 것은 바람직하지 않다고 생각합니다.

청교도들이 취했던 주일의 의미와 주일성수에 대한 신학적 입장은 종교개혁자들의 그것들과 일치하는 부분이 많은 것은 분명하지만, 주일성수에서 청교도들과 종교개혁자들 사이에 분명한 차이점이 있다는 사실도 인정해야 합니다. 이러한 신학적 차이점들은 각각 그들이 처했던 역사적 상황의 문맥을 고려하여 이해해야 합니다. 오늘날 우리가 17세기 영국 청교도들의 주일성수에 대한 엄격주의적 전통을 문자 그대로 답습하는 것 이상의 대안을 찾아야 하는 것도 바로 이러한 이유 때문입니다.

우리는 청교도들의 엄격주의 전통을 통해, 세속주의 풍조 앞에 양보할 수 없는 주일성수의 신학적 원리들을 배웁니다.

그 신학적 원리들은 신앙에서 영속적인 가치를 지닌 것들이므로, 출애굽 당시 홍해를 건넌 이스라엘 백성들처럼 그것들을 굳게 붙들고 두 물 사이를 지나야 합니다. 율법주의적 바리새주의와 자유주의적 방종주의가 그것입니다.

이를 위하여 교회는 교인들을 깊이 있는 성경공부와 신학교육으로써 확고한 교리적 지식과 기독교 사상을 갖게 해야 하며, 이러한 체계적 지식과 사상의 틀 안에서 주일의 장엄한 의미를 인식하게, 그날에 영혼의 유익을 충만히 누리며 살아가도록 예배의 영광을 회복해야 합니다. 주일이 참으로 '주님의 날'이 되도록 말입니다.

날마다 마음을 같이하여 성전에 모이기를 힘쓰고
집에서 떡을 떼며 기쁨과 순전한 마음으로 음식을 먹고
하나님을 찬미하며 또 온 백성에게 칭송을 받으니 주께서
구원 받는 사람을 날마다 더하게 하시니라
(행 2:46~47)

주일성수에 대한 현실적 제언
이해와 나눔

● **내용 이해를 위한 토의**

1. 저자가 주일성수와 관련하여 제시하는 현실적인 제언 다섯 가지는 무엇입니까?

1) 우리 시대의 신앙고백을 작성함
① 우리가 신앙적 기준으로 삼고 있는 신앙고백은 무엇입니까? 그 문서들의 신앙적이고 신학적인 가치는 매우 탁월합니다. 그러나 '아디아포라'의 문제들이 포함된 신앙적 화두에 대해서는 우리에게 충분한 답변이 되지 못하는 부분도 있는 것이 사실입니다. 이 문제를 해결하기 위한 저자의 제안은 무엇입니까?

② 우리는 주일성수와 관련하여 우리 시대의 신앙고백을 어떻게 작성할 수 있을까요?

2) 주일의 신학적 의미를 가르침
① 주일의 신학적 의미 규정이 중요한 이유는 무엇입니까? 주일의 신학적 의미를 교인들과 자라나는 세대에게 어떤 방식으로 어떻게 가르쳐야 합니까?

② 우리가 주일성수를 강조할 때 '무엇을 하지 말아야 할' 의무만이 아니라 '무엇을 누릴 수 있는지'와 관계된 특권을 축복과 함께 강조하여야 하는 이유는 무엇입니까?

3) 율법적 바리새주의를 경계함
주일성수에 관한 교인들의 율법적이고 바리새주의적인 태도에 대한 확실한 처방은 무엇입니까?

4) 자유주의적 방종을 경계함
주일성수의 실천적 방종을 막기 위해서 교회가 할 수 있는 노력은 무엇입니까? 또한 개인적 차원에서 할 수 있는 노력은 무엇입니까?

5) 신자들의 영적 변화를 위해 힘씀
① 청교도들이 고난과 박해 속에서도 높은 수준의 경건을 이루고 엄격한 삶을 살아갈 수 있었던 이유는 무엇입니까?

② 오늘날 조국 교회의 영적 상황이 주일성수의 신학적 논의를 진행하기에는 무리가 있다고 생각하는 사람들을 향한 저자의 권면 세 가지는 무엇입니까?

③ 주일성수를 가르치고자 하는 교회일수록 진정한 영적 부흥을 사모하지 않을 수 없는 이유는 무엇입니까?

④ 교회가 신자들에게 주일이 다른 날과 구별되는 은혜의 날임을 알게 하는 가장 좋은 방법은 무엇입니까?

2. 우리가 주일을 지키는 이유는 무엇입니까?

● **적용과 실천을 위한 나눔**

1. 주일이 참으로 영광스러운 '주의 날'이 되도록 하기 위하여 우리가 할 수 있는 노력은 무엇일지 함께 생각해 보십시오.

2. 주일성수에 대한 지금까지의 논의를 통해 새롭게 정리된 생각들이 있거나, 결심한 바가 있다면 함께 나누어 보십시오.

참고문헌

이 책을 쓰는 데 직접적으로 도움을 받았던 책들의 목록이다. 아래의 책들을 참고하였다고 해도 이 책에서 인용문으로 명시한 것을 제외하고는 대부분이 나 자신 안에서 소화되어 자기화된 것이다. 이외에도 기억을 더듬어 찾아내지 못한 것들도 있었음을 밝혀둔다.

Ames, William. *The Marrow of Sacred Divinity*. London: Edward Griffin for Henry Overton in Popes Head ally, 1635.

Bauckham, R. J. "Sabbath and Sunday in the Protestant Tradition." in *From Sabbath to Lord's Day*. ed. D. A. Carson. Eugene: Wipf and Stock Publishers, 1982.

Baxter, Richard. *The Practical Works of Richard Baxter*. vol. 1, *Christian Economics*. Morgan: Soli Deo Gloria Publications, 2000.

_____. *The Practical Works of Richard Baxter*. vol. 3, The Divine Appointment of the Lord's Day Proved. Morgan: Soli Deo Gloria Publications, 2000.

Bullinger, Heinrich. *The Second Helvetic Confession*. London: Forgotten Books, 2007.

Calvin, John. *Corpus Reformatorum*. vol. 29, *Christianae Religionis Institutio* (1536). Brunsvigae: apud C. A. schwetschke et filium, 1863.

_____. *Institutes of the Christian Religion*. vol. 1, 2, trans. Henry Beveridge. Grand Rapids: Eerdmans Publishing Company, 1981.

_____. *Selected Works of John Calvin: Tracts and Letters*. vol. 2, *Catechism of the Church of Geneva*, ed. Henry Beveridge and Jules Bonnet. Grand Rapids: Baker Books House, 1983.

_____. *Sermons on Deuteronomy*. Edinburgh: The Banner of Truth Trust, 1987.

D'Aubigne, J. H. Merle. *History of the Reformation in the Sixteenth Century*. New york: G. P. Putnam and Sons, 1872.

Danker, Frederick William. rev. and ed. *A Greek-English Lexicon of the New Testament and other Early Christian Literature*. 3rd ed. Chicago: The University of Chicago Press, 2000.

Dues, Greg. *Catholic Customs & Traditions: A Popular Guide*. Gig Harbor: Twenty-Third Publications, 1993.

Durham, John I. *Exodus*, in Word Biblical Commentary. Waco: Word Books, 1987.

Edwards, Jonathan. *The Works of Jonathan Edwards*. vol. 4, ed., C.C. Goen, *A Faithful Narrative*. New Haven: Yale University Press, 1972.

_____. "The Perpetuity and Change of the Sabbath." in *The Works of Jonathan Edwards*. vol. 17. ed. Mark

Valeri. New Haven: Yale University Press, 1999.

Erasmus, Desiderius. Μωρίας Εγκώμιας sive Stultitiae Laus. Basileae: printed G. Haas, 1880.

Gore, R. J. "Reviewing the Puritan Regulative Principle, part II," *Presbyterion*, vol. 21, no. 1 (Spring 1995): 44.

Hessey, James Augustus. *Sunday, its Origin, History, and Present Obligation: Considered in Eight Lectures Preached before the University of Oxford in the Year MDCCCLX*. London: John Murray, Albemarle Street, 1861.

Hill, Christopher. *Society & Puritanism in Pre-Revolutionary England*. London: Mercury Books, 1966.

Hodge, Charles. *Systematic Theology*. vol. 3. Grand Rapids: Eerdmans Publishing Company, 1977.

Kittel, Gerhard., Friedrich, Gerhard. eds. *Theological Dictionary of the New Testament*. vol. VII. Grand Rapids: WM. B. Eerdmans Publishing Company, 1975.

Luther, Martin. *Luther's Works*. vol. 2, Lectures on Genesis Chapter 6-14. ed. Jaroslav Pellikan. Saint Louis: Concordia Publishing House, 1960.

_____. *Luther's Works*. vol. 51, Sermons I. ed. and trans. John W. Doberstein. Philadelphia: Fortress Press, 1980.

_____. *The Book of Concord. The Large Catechism of Dr. Martin Luther*. eds. Kolb, Robert., Wengert, Timothy J. Minneapolis: Fortress Press, 2000.

Martin, Robert P. *A Guide to the Puritans*. Glasgow: The Banner of Truth Trust, 1997.

Osborne, Grant R. *Baker Exegetical Commentary on the New Testament: Revelation*, ed. Moisés Silva. Grand Rapids: Baker Academics, 2002.

Owen, John. *The Works of John Owen*, vol. 7, ed. William H. Goold. Edinburgh: The Banner of Truth Trust, 1991), 187.

Packer, J. I. *Among God's Giants: The Puritan Vision of the Christian Life*. Eastbourne: Kingsway Publications, 1997.

Paley, William. *The Principles of Moral and Political Philosophy*. vol. 2, Book 5, Chapter 7. New York: B. and S. Collins, 1835.

Parker, Kenneth L. *The English Sabbath: A study of doctrine and disciple from the Reformation to the Civil War*. Cambridge; Cambridge University Press, 1988.

Perkins, William. *A Golden Chaine*. London: Iohn Legatt, dwelling in Little-Wood-streete, 1621.

Rad, Gerhard von. *Deuteronomy*. London: SCM Press Ltd., 1979.

Ryken, Leland. *Worldly Saints: The Puritans As They Really Were*. Grand Rapids: Academic Books, 1990.

Swinnock, George. *The Works of George Swinnock*, vol. 1. Edinburgh: James Nichol, 1868.

Tanner, J. R. *Constitutional Documents of the Reign of James,*

1603-1625 with an Historical Commentary. Cambridge: Cambridge University Press, 1960.

Turral, Joseph. ed. *Illustrations to British History*. Oxford: Clarendon, 1917.

Westminster Assembly, *The Confession of Faith, The Larger and Shorter Catechisms*. Glasgow: Free Presbyterian Publications, 1973.

Zerubavel, Eviatar. *The Seven Day Circle: The History and Meaning of the Week*. Chicago: University of Chicago Press, 1989.

강미경. "제임스 1세의 청교도 정책."『대구사학』제108집(2012년 8월): 148.

대한예수교장로회총회.『헌법』서울: 대한예수교장로회총회 출판국, 2014.

케네스 O. 모건.『옥스퍼드 영국사』영국사연구회 역. 서울: 도서출판 한울, 1994.

요한 칼빈.『제네바교회 신앙문답서』조석만 역. 시흥: 지민, 2010.

이기문 편.『기독교대백과사전』제10권. 서울: 기독교문사, 1996.

이영석.『공장의 역사: 근대영국사회와 생산, 언어, 정치』서울: 도서출판 푸른역사, 2012.

총회 이단피해대책 조사연구위원회, 김인환, 심창섭.『기독교 정통과 이단, 무엇이 다른가?』서울: 대한예수교장로회총회출판부, 2009.

김남준.『예배의 감격에 빠져라』서울: 생명의말씀사, 2010.

성수주일

초판 1쇄 2015년 12월 15일
초판 6쇄 2018년 11월 23일

지은이 김남준
발행인 최우식
발 행 익투스

기 획 정건수
편집책임 김귀분
교 정 홍주애
제 작 서우석
경영지원 임정은
마케팅 김경환, 박경헌
마케팅지원 주정중, 박찬영
인터넷 현지혜

주소 서울시 강남구 영동대로 330
전화 (02)559-5655~6
팩스 (02)564-0782
홈페이지 www.holyonebook.com
출판등록 제2005-000296호 2005. 10. 21
ISBN 979-11-86783-03-0 (03230)

©2016, 익투스
*잘못된 책은 바꾸어 드립니다.